¡Hola, español! 1

¡Hola, español! 1

지은이 김유리·김재선·이은해·조혜진
펴낸날 1판 1쇄 2016년 2월 29일
7쇄 2025년 3월 20일

펴낸이 주소현 **펴낸곳** 이화여자대학교출판문화원
주소 서울특별시 서대문구 이화여대길 52(우03760) **등록** 1954년 7월 6일 제9-61호
전화 02) 3277-2965(편집), 02) 362-6076(마케팅)
팩스 02) 312-4312 **전자우편** press@ewha.ac.kr **홈페이지** www.ewhapress.com
책임편집 양지하 **디자인** design **Vita** **일러스트** 해밀

ISBN 979-11-5890-156-1 14770
979-11-5890-155-4 (세트)
값 16,000원

* 잘못된 책은 구입처에서 바꾸어 드립니다.

이 도서의 국립중앙도서관 출판예정도서목록(CIP)은 서지정보유통지원시스템 홈페이지(http://seoji.nl.go.kr)와 국가자료공동목록시스템(http://www.nl.go.kr/kolisnet)에서 이용하실 수 있습니다. (CIP제어번호 : CIP2016003674)

본 교재의 듣기 자료는 MP3 파일로 되어 있으며, 이화여자대학교출판문화원 홈페이지(www.ewhapress.com) '자료실'에서 무료로 내려받을 수 있습니다.

스페인어 1

김유리 · 김재선 · 이은해 · 조혜진 지음

1

E PRESS

책을 펴내면서

스페인어를 사용하는 다양한 지역과 문화가 국내에 많이 알려지면서 스페인어에 대한 관심도 갈수록 커지고 있습니다. 지중해 연안에 위치해 있으면서 가톨릭과 이슬람의 공존의 흔적을 보여주는 스페인의 문화, 라틴아메리카의 고대 문명과 경외감이 느껴지는 자연은 참으로 매력적입니다. 실제로 많은 사람들이 그곳으로의 여행을 희망하기도 합니다.

스페인어는 전 세계에서 가장 많이 쓰이는 언어 중 하나입니다. 스페인과 라틴아메리카의 20개국에서 모국어로 사용되며 미국과 캐나다의 히스패닉 등 사용 인구가 세계 2위를 차지하고 있으니 말입니다. 또한, 단순히 사용 인구가 많은 것이 아니라 오늘날 라틴아메리카가 세계 경제를 주도하는 성장 동력으로 부상하고 있는 점을 고려할 때 스페인어를 배운다는 것은 우리에게 폭넓은 도전의 가능성을 시사해줍니다.

본 교재는 스페인어를 처음으로 배우는 초보자들을 위해 개발되었습니다. 자주 접할 수 있는 일상적 상황을 재현하는 자연스러운 대화를 중심으로 기본 표현을 익히고 관련 문법을 쉽게 배울 수 있도록 구성되었습니다. 각 단원 말미에는 실생활에서 필요한 스페인어나 의사소통을 향상시키기 위한 심화 내용도 조금씩 소개하고 있습니다.

스페인어에 대한 수요가 확산되는 이 시점에 이화여자대학교에서 스페인어 교재를 펴내게 된 것은 매우 뜻깊고 반가운 일입니다. 스페인어와 스페인어권 문화에 대한 호기심이나 관심이 있었지만 그동안 접해볼 기회가 없었던 많은 사람들이 이 교재를 통해 스페인어를 배우고 익히며 새로운 세상을 경험해보기를 기대합니다.

끝으로, 이 책의 완성을 위해 조언을 아끼지 않으신 Dorly Hilares 선생님께 감사 인사를 전합니다.

2016년 3월

저자 김유리, 김재선, 이은해, 조혜진

Índice

Personajes

Antonio
55años

Carmen
53años

Miguel
22años

Ana
22años

Minsu
22años

Yuna
22años

Tabla de contenidos

Gramática y expresiones 1 / Gramática y expresiones 2	의사소통	Un poco de todo (어휘, 추가 문법 등)
알파벳과 발음 | 강세 명사: 성과 수 | 형용사: 성과 수 | 부호		
주격인칭대명사 | ser 동사 | sí/no	직업, 국적 표현하기	인사말
¿Cómo te llamas? | 직업 명사	이름 묻고 답하기	
estar 동사 | 상태를 나타내는 형용사들	주어의 상태 표현하기	가족명
ser와 estar 동사 비교 | 외모나 성격을 나타내는 형용사들	ser, estar 동사 구분하기	
¿De dónde eres? | 국적형용사 | Sr., Sra., Srta.	국적 묻고 답하기	국명과 국적형용사
관사 | mucho, muy	관사의 쓰임 알기	
지시사 | aquí, ahí, allí	원근 관계 지시하기	인사말
소유사 전치형 | 의문사 quién, quiénes | ser de 소유 관계 표현	의문사의 쓰임 알기 | 소유 관계 표현하기	
hay, estar 동사 | 의문사 cuánto/a/os/as | 숫자	위치 표현하기	집과 방의 집기들
위치 부사 | 위치 표현	적절한 위치 표현하기	
규칙동사 현재형 | 의문사 por qué	규칙동사 쓰임 알기	규칙동사
saber, poder 동사 | 의문사	saber, poder 쓰임 알기	
ir, venir, hacer 동사 | ir/venir a + 동사원형	미래의 계획 표현하기	신체 부위 명칭, 상대의 말을 이해하기 힘들 때 쓰는 표현
tener 동사 | tener 관용표현 | 서수	tener의 다양한 쓰임 알기	
conocer, dar, pensar 동사 | 간접목적대명사, 직접목적대명사	목적대명사의 쓰임 알기	감탄문 기원 표현
decir 동사 | 전치격 인칭대명사 | 동사원형과 함께 쓰는 목적대명사	전치격 인칭대명사의 쓰임 알기	
querer, preferir 동사	식사 주문하기 | 선호도 표현하기	먹거리 및 식기류
간접목적대명사 se | 목적대명사의 중복 사용 | traer, poner 동사	목적대명사의 중복 사용 알기	
¿Qué tiempo hace? | salir, volver 동사 | hacer + 시간 + que	날씨 표현하기 | 경과된 시간 표현하기	계절 방위 하루의 시간대 구분
의무 표현 | ver 동사 | un poco/un poco de/poco	의무 표현하기	
날짜 | 요일	날짜와 요일 말하기	시간 관련 표현 지난 시간과 오는 시간 교통수단
¿Qué hora es? | 특정 행위의 시간 표현	시간 표현하기	

Lección 0 예비과

1. 알파벳과 발음
2. 강세
3. 명사: 성과 수
4. 형용사: 성과 수
5. 부호

1 알파벳과 발음

모음

a (a)	alumno, casa	**o** (o)	olor, oso
e (e)	ella, té	**u** (u)	universidad, cultura
i (i)	idea, día		

자음

b (be)	bebida, bomba	**ñ** (eñe)	montaña, niño
c (ce) ca, co, cu ce, ci	cama, coche, Cuba cerveza, cine	**p** (pe)	pera, espalda
d (de)	dedo, cada	**q** (cu)	queso, arquitecto
f (efe)	efecto, fábrica	**r** (erre)	paraguas, peligro rey, burro
g (ge) ga, go, gu ge, gi gue, gui güe, güi	gato, gobierno, gusto gente, gimnasio guerra, guitarra bilingüe, lingüística	**s** (ese)	esencia, sol, salsa
h (hache)	hora, hermano	**t** (te)	teatro, patata
j (jota)	joven, caja, jefe	**v** (uve)	valor, nieve
k (ka)	kilo, kiwi	**w** (uve doble)	whisky, Washington
l (ele)	elefante, alto	**x** (equis)	examen, próximo México, Texas
m (eme)	emergencia, mar	**y** (ye)	yema, yo, y
n (ene)	energía, nube	**z** (zeta)	zapato, luz

ch (che)	cheque, chico, noche	**ll** (elle)	llave, calle, pollo

Nota

① (b) = (v) ② (y) = (ll) ③ (ce), (ci) = (z) ④ (ge), (gi) = (j)
⑤ (r̄): rosa, perro ⑥ h: 묵음 ⑦ México = (Méjico)

2 강세

최종 음절		끝에서 두 번째 음절	
-자음	fa<u>vor</u>, natu<u>ral</u> ciu<u>dad</u>, re<u>loj</u>	-모음 -n, -s	bo<u>te</u>lla, <u>ro</u>jo, to<u>ma</u>te <u>Car</u>men, <u>chi</u>cos

3 명사: 성과 수

남성		여성		남성과 여성	
-o	libro vestido	-a	casa silla	-ista	pianista, turista periodista
-자음	hotel	-ción -sión -d	canción pasión verdad	-ante	estudiante cantante
-aje	garaje viaje				
-e	cine coche	-e	leche noche	-ente	paciente docente
¡atención!	día sistema problema	¡atención!	mano moto	¡atención!	cliente/clienta presidente/ presidenta

성의 변화

남성		여성	
-o	coreano, niño	-a	coreana, niña
-자음	profesor, español	+ -a	profesora, española
hombre, padre, rey, actor		mujer, madre, reina, actriz	

수의 변화

단수		복수	
-모음	mesa, estudiante	+ -s	mesas, estudiantes
-자음	ciudad, canción	+ -es	ciudades, canciones
-z	pez, luz	-c + es	peces, luces
-s	lunes, paraguas		lunes, paraguas

4 형용사: 성과 수

남성		여성		남성과 여성	
-o	pequeño, guapo	-a	pequeña, guapa	-e	grande, amable
				-자음	gris, joven

단수		복수	
-모음	bueno, malo	+ s	buenos, malos
-자음	especial, azul	+ es	especiales, azules
-z	feliz	-c + es	felices

5 부호

¿Qué tal?
¡Hola!

Lección 1 ¡Hola!

Unidad 1 ¡Buenos días!

Unidad 2 ¿Cómo te llamas?

¡Buenos días!

Ana ¡Hola!

Minsu ¡Hola! ¿Qué tal?

Ana Yo soy Ana, y ¿tú?

Minsu Soy Minsu. Encantado.

Ana Mucho gusto.

Yuna ¡Buenos días! ¿Es usted profesora de español?

Profesora No, soy profesora de inglés.

Yuna ¡Gracias!

Profesora ¡Adiós!

bueno/a 좋은　día ⓜ 날　y 그리고　español(a) ⓜ 스페인어 / ⓜⓕ 스페인 사람
de ~의　inglés(a) ⓜ 영어 / ⓜⓕ 영국 사람　profesor(a) ⓜⓕ 선생님

Gramática y expresiones 1

1. 주격인칭대명사

	단수	복수
1인칭	yo	nosotros/as
2인칭	tú	vosotros/as
3인칭	usted, él, ella	ustedes, ellos, ellas

usted, ustedes는 의미상으로 2인칭(당신, 당신들)이지만 문법적으로는 3인칭으로 간주된다.

Nota
usted의 약자는 Ud.이며 복수형은 Uds.이다.
라틴아메리카에서는 vosotros/as 대신 ustedes를 사용한다.

2. 동사: ser (~이다)

주어의 이름, 국적, 직업, 신분, 성격, 외모 등을 표현한다.

yo	soy	nosotros/as	somos
tú	eres	vosotros/as	sois
Ud., él, ella	es	Uds., ellos, ellas	son

Ella es Elena.
Tú eres de Corea. / (Nosotros) Somos coreanos.
(Vosotros) Sois estudiantes.
Ustedes son amables.
Ellos son altos.

3. sí / no

A ¿Eres estudiante?
B Sí, soy estudiante.
B' No, no soy estudiante.

A ¿No es ella Carmen?
B Sí, es Carmen.
B' No, no es Carmen.

¿Cómo te llamas?

Profesor ¡Hola! Soy Juan López, profesor de español.

Yuna ¡Encantada, profesor!

Profesor ¿Cómo te llamas?

Yuna Me llamo Yuna.

Profesor Mucho gusto, Yuna.

Miguel ¿Eres amiga de Minsu?

Yuna Sí, Minsu y yo somos amigos.

Miguel Entonces, ¿eres también estudiante de español?

Yuna Sí, yo también soy estudiante de español.

cómo 어떻게
también 역시, 또한
amigo/a ⓜⓕ 친구
estudiante ⓜⓕ 학생
entonces 그러면, 그래서

Gramática y expresiones 2

1. ¿Cómo te llamas?, ¿Cómo se llama usted?(이름이 뭐예요?)

cómo는 '어떻게'를 뜻하는 의문사로, 이름은 'llamarse+이름(+성)'의 구조로 표현한다.

yo	me llamo	nosotros/as	nos llamamos
tú	te llamas	vosotros/as	os llamáis
Ud., él, ella	se llama	Uds., ellos, ellas	se llaman

A ¿Cómo se llama ella?
B Se llama María López.

A ¿Cómo os llamáis?
B Me llamo Yuna y él es Minsu.

2. 직업 명사

abogado/a

arquitecto/a

camarero/a

cocinero/a

médico/a

peluquero/a

escritor(a)

pintor(a)

futbolista

periodista

dentista

cantante

actor/actriz

Un poco de todo

1. 좋은 아침/오후/밤입니다.

Buenos días.

Buenas tardes.

Buenas noches.

2. 만나서 반갑습니다.

Encantado/a.

Mucho gusto.

3. 안녕히 가세요.

Adiós.

Hasta luego.

Chao.

4. 감사합니다. / 천만에요.

(Muchas) Gracias.

De nada.

5. 실례합니다.

Perdón.

6. 미안합니다.

Lo siento.

Ejercicios

1. 빈칸에 알맞은 인칭대명사를 넣어 문장을 완성하세요.

① ________________ soy médica.

② ________________ sois amables.

③ ________________ es Miguel.

④ ¿Eres ________________ estudiante?

⑤ ________________ son altas.

⑥ ________________ somos amigas.

⑦ ________________ somos coreanos.

2. Ser 동사를 활용해 문장을 완성하세요.

① Ellos ________________ amigos.

② Carlos y yo ________________ bajos.

③ Tú ________________ peluquera.

④ ¿Luis y tú ________________ cocineros?

⑤ Ustedes ________________ altos.

⑥ Vosotros no ________________ amables.

⑦ Ella no ________________ Ana.

⑧ Yo ________________ estudiante de la Universidad Femenina Ewha.

médico/a ⓜⓕ 의사
bajo/a 키가 작은
universidad ⓕ 대학교
amable 친절한
peluquero/a ⓜⓕ 미용사
femenino/a 여성의
alto/a 키가 큰
cocinero/a ⓜⓕ 요리사

3. 대답해보세요.

① ¿Eres Carmen?

Sí, ______________________ / No, ______________________

② ¿Son ellos abogados?

Sí, ______________________ / No, ______________________

③ ¿Es usted estudiante?

Sí, ______________________ / No, ______________________

④ ¿Son ellas amables?

Sí, ______________________ / No, ______________________

⑤ ¿Cómo te llamas?

____

4. 보기처럼 이름과 직업을 말해보세요.

보기

pintor(a) → Se llama Picasso. Es pintor.

①

②

③

④

① Gaudí - arquitecto/a ______________________

② Cervantes - escritor(a) ______________________

③ Messi - futbolista ______________________

④ Penélope Cruz - actor/actriz ______________________

abogado/a ⓜⓕ 변호사
actor/actriz ⓜⓕ 배우
escritor(a) ⓜⓕ 작가
futbolista ⓜⓕ 축구 선수
arquitecto/a ⓜⓕ 건축가
pintor(a) ⓜⓕ 화가

Lección 2 ¿Cómo estás?

Unidad 1

Estoy bien

Ana ¡Hola, Minsu! ¿Cómo estás?

Minsu Estoy bien, gracias, y ¿tú?

Ana Bien, también. Y Yuna, ¿cómo está?

Minsu Ella está mal. Está enferma.

Ana ¡Qué lástima!

Antonio ¿Eres hermana de Minsu?

Yuna No, soy amiga de Minsu.

Antonio ¿Qué tal está él?

Yuna Está bien.

bien 잘 | mal 나쁘게 | enfermo/a 아픈 | qué 무엇
lástima ⓕ 안타까움 | hermano/a ⓜⓕ 형제, 자매

Gramática y expresiones 1

1. 동사: estar (~한 상태이다)

yo	estoy	nosotros/as	estamos
tú	estás	vosotros/as	estáis
Ud., él, ella	está	Uds., ellos, ellas	están

A ¿Cómo estás?
B Estoy bien, gracias, y ¿tú?
A Bien, gracias.

A ¿Cómo están ustedes?
B Estamos cansados.

La casa está limpia.
El café está frío.
Las manos están sucias.

2. 상태를 나타내는 형용사들

alegre

triste

contento/a

cansado/a

nervioso/a

tranquilo/a

limpio/a

sucio/a

Unidad 2

¿Cómo es tu amiga?

Carmen ¿Cómo es tu amiga Yuna?

Minsu Es inteligente.

Carmen ¿Es simpática?

Minsu Sí, es muy simpática y alegre.

Miguel Yuna, ¿cómo es tu nueva casa?

Yuna Es muy bonita.

Miguel ¿Es grande?

Yuna No, no es grande.
Es pequeña pero muy cómoda.

inteligente 똑똑한	simpático/a 상냥한	alegre 명랑한	tu 너의
nuevo/a 새로운	casa ⓕ 집	muy 매우	bonito/a 예쁜
grande 큰	pero 그러나	pequeño/a 작은	cómodo/a 편안한

Gramática y expresiones 2

1. ser vs. estar

Ser	Estar
Ella es Ana. Ana es profesora. Ana es guapa y amable. Es de Madrid. Es española. La ventana es grande.	Ana está cansada. La ventana está limpia.

ser, estar 중 어떤 동사와 쓰이느냐에 따라 의미가 달라지는 형용사도 있다.
ser는 주어의 본질 또는 지속적인 특성을 나타내고 estar는 일시적인 상태를 가리킨다.

Soy listo.
Estoy listo.

El libro es aburrido.
Marta está aburrida.

Juan es guapo.
Juan está guapo hoy.

Isabel es rica.
La paella está rica.

2. 기타 형용사들

alto/a

bajo/a

grande

pequeño/a

gordo/a

delgado/a

rico/a

pobre

Un poco de todo

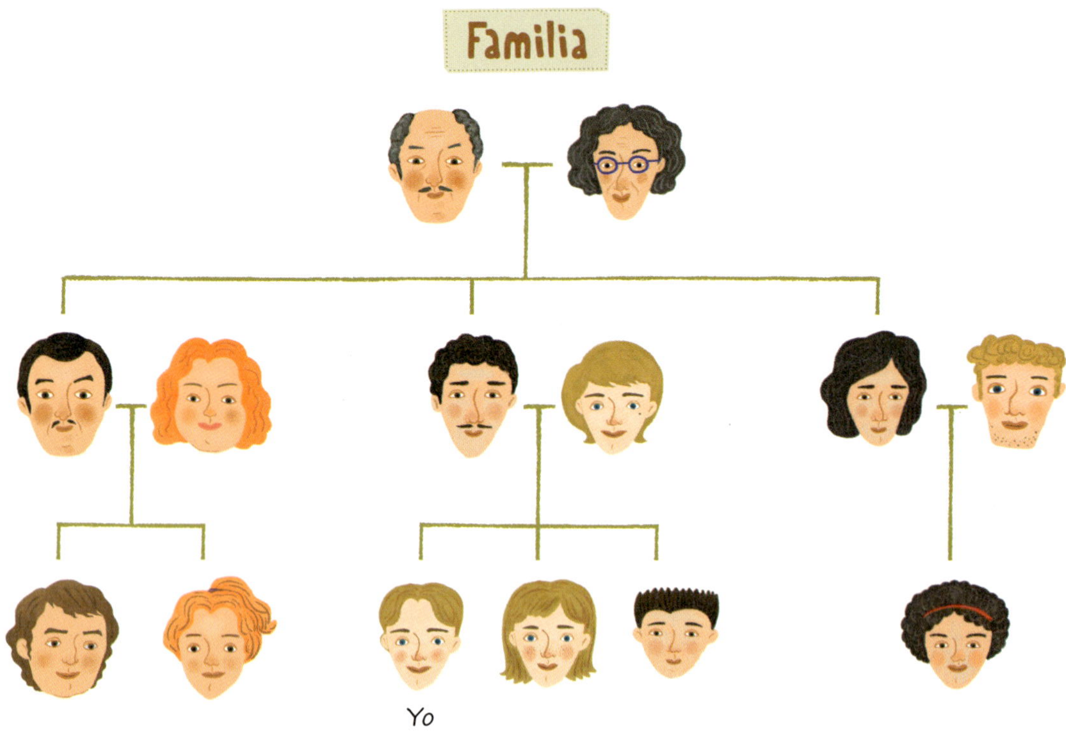

abuelo	abuela
padre/ papá	madre/ mamá
hijo	hija
hermano	hermana
nieto	nieta
tío	tía
primo	prima
sobrino	sobrina

abuelos (abuelo + abuela)
padres (padre + madre)
hermanos (hermano + hermana)
hijos (hijo + hija)
hermano/a mayor/menor
esposo/a (marido/mujer)

Ejercicios

1. 빈칸에 들어갈 수 있는 가장 적절한 단어를 보기에서 골라 문장을 완성하세요.

보기

contento　　limpia　　guapa　　bonito

① Yo soy ________________

② Diego está ________________

③ El libro es ________________

④ La casa está ________________

2. 보기처럼 대답해보세요.

보기

¿Cómo estás? (bien) → Estoy bien.

① ¿Cómo está Ana? (cansado) ________________

② ¿Cómo están Juan y Carmen? (enfermo) ________________

③ ¿Cómo estáis Julia y tú? (bien) ________________

④ ¿Cómo está la mesa? (limpio) ________________

⑤ ¿Cómo están las sillas? (sucio) ________________

3. 보기처럼 대답해보세요.

보기

¿Cómo es el profesor? (simpático) → Es simpático.

① ¿Cómo es Luis? (alto) ________________

② ¿Cómo son María y Ana? (gordo) ________________

③ ¿Cómo es la clase de español? (interesante) ________________

④ ¿Cómo son los coches? (bonito) ________________

⑤ ¿Cómo es la cama? (pequeño) ________________

contento/a 만족스러운	guapo/a 잘생긴, 예쁜	limpio/a 깨끗한	libro ⓜ 책
cansado/a 피곤한	sucio/a 더러운	gordo/a 뚱뚱한	interesante 흥미로운

4. Ser나 Estar 동사를 활용해 문장을 완성하세요.

① Yo ______________ cansada.

② Luis y tú ______________ contentos.

③ Vosotros ______________ amigos.

④ María y Luis ______________ ricos.

⑤ La flor ______________ bonita.

⑥ La casa ______________ limpia.

⑦ Las clases ______________ interesantes.

⑧ Luis y yo ______________ hermanos.

⑨ Luis ______________ guapo.

⑩ La silla ______________ grande.

5. 스페인어로 말해보세요.

① 그녀는 선생님이다. ______________

② 나는 키가 작고 말랐어. ______________

③ 너는 피곤하구나. ______________

④ 민수는 친절하고 잘생겼어. ______________

⑤ 탁자가 지저분하네. ______________

amigo/a ⓜⓕ 친구
rico/a 부유한, 맛있는
flor ⓕ 꽃
clase ⓕ 교실, 수업
delgado/a 마른

Lección 3 ¿De dónde eres?

Soy coreana

Miguel ¿De dónde eres?

Yuna Soy coreana. Y tú, ¿de dónde eres?

Miguel Soy de Madrid.

Yuna Y el señor López, ¿de dónde es?

Miguel ¿El profesor de español? Es de Toledo.

Yuna ¿Cómo es Toledo?

Miguel Es una ciudad histórica y cultural.
¿Cómo es el español?

Yuna Es interesante.

Miguel ¿No es difícil?

Yuna No, no es difícil. Es fácil.

el/la 정관사	dónde 어디	ciudad ⓕ 도시	histórico/a 역사적인
cultural 문화의	difícil 어려운	fácil 쉬운	

Gramática y expresiones 1

1. ¿De dónde eres/es?

dónde는 장소를 묻는 의문사이며 'ser de + 지명'은 출신지를 나타내는 표현이다.

A ¿De dónde es usted?
B Soy de Corea (Soy coreano).

A ¿De dónde es Gabriel García Márquez?
B Es de Colombia (Es colombiano).

A ¿De dónde son los churros?
B Son de España.

2. 국적형용사

국가명	국적형용사
Corea Corea del Sur Corea del Norte	coreano/a surcoreano/a norcoreano/a
España	español(a)

El español es interesante.
El euro es la moneda europea.
Los españoles son alegres.

3. señor(Sr.) / señora(Sra.) / señorita(Srta.) + 성 또는 성과 이름

¡Buenos días, señor López!
Soy la señora Mayorga.
Los señores Gómez son muy amables.

Nota
Sr.=Mr. Sra.=Mrs. Srta.=Miss

Seúl es muy grande

Carmen ¿Eres japonés o chino?

Minsu Soy de Corea.

Carmen ¿Es Yuna también coreana?

Minsu Sí, ella es de Seúl, la capital de Corea.

Carmen ¿Cómo es Seúl?

Minsu Es muy grande.
Y muchos edificios en Seúl
son modernos.

Yuna ¿Qué es la paella?

Antonio Es una comida española.

Yuna ¿Es rica?

Antonio Sí, es muy rica.

Antonio El coche de Carmen es coreano.

Minsu ¿Cómo es?

Antonio Es bonito y cómodo.
Carmen está contenta.

Minsu ¡Qué bien! Los coches coreanos son muy buenos.

capital ⓕ 수도	mucho/a 많은	edificio ⓜ 건물	en ~에, ~에서
moderno/a 현대적인	paella ⓕ 파에야	comida ⓕ 음식	coche ⓜ 자동차

Gramática y expresiones 2

1. 관사

정관사는 이미 알고 있거나 특정한 대상을, 부정관사는 한정되지 않은 대상을 의미한다.
부정관사는 수적인 의미가 있어 '하나' 또는 '몇몇'을 뜻하기도 한다.

정관사		부정관사	
el libro	**los** libros	**un** libro	**unos** libros
la casa	**las** casas	**una** casa	**unas** casas

Ana es estudiante.
Ana es la estudiante.
Ana es una estudiante alta.

Un hijo de Luis es médico.
El hijo de Luis es médico.

Un melón, por favor.
El melón es una fruta.

Nota
강세가 있는 a-, ha-로 시작하는 단수형 여성명사에는 단수형 남성관사를 사용한다.
un ave / unas aves
el hacha negra / las hachas negras

2. mucho(많은, 많이) / muy(매우)

mucho/a/os/as + 명사	동사 + mucho
¡Muchas gracias!	Juan habla mucho.

muy + 형용사	muy + 부사
Juan está muy cansado.	Juan canta muy bien.

Un poco de todo

국가명과 국적형용사

Asia

국가명	국적형용사	국가명	국적형용사
China	chino/a	Japón	japonés(a)
Filipinas	filipino/a	Tailandia	tailandés(a)
India	indio/a	Turquía	turco/a
Irak	iraquí	Vietnam	vietnamita

Europa

국가명	국적형용사	국가명	국적형용사
Alemania	alemán(a)	Italia	italiano/a
Bélgica	belga	Polonia	polaco/a
Francia	francés(a)	Portugal	portugués(a)
Inglaterra	inglés(a)	Rusia	ruso/a

América

국가명	국적형용사	국가명	국적형용사
Argentina	argentino/a	Estados Unidos	estadounidense
Brasil	brasileño/a	México	mexicano/a
Chile	chileno/a	Perú	peruano/a
Colombia	colombiano/a	Venezuela	venezolano/a

Oceania

국가명	국적형용사	국가명	국적형용사
Australia	australiano/a	Nueva Zelanda	neozelandés(a)

África

국가명	국적형용사	국가명	국적형용사
Egipto	egipcio/a	Marruecos	marroquí

Nota

미국은 약어로 EE.UU.로 표기한다.

Ejercicios

1. 보기처럼 바꾸어 말해보세요.

보기
El actor es de Alemania. → El actor es alemán.

① El cocinero es de Francia. ______________________

② Las estudiantes son de China. ______________________

③ Las profesoras son de Japón. ______________________

2. 보기처럼 대답해보세요.

보기
¿De dónde es el kimchi? → Es de Corea.

① ¿De dónde es el sushi? ______________________

② ¿De dónde es el espagueti? ______________________

③ ¿De dónde es la hamburguesa? ______________________

④ ¿De dónde es el churro? ______________________

3. 빈칸에 알맞은 정관사와 부정관사를 넣으세요.

① ______ leche　② ______ cantante　③ ______ perro

④ ______ relojes　⑤ ______ habitación　⑥ ______ agua

leche ⓕ 우유　perro/a ⓜⓕ 개　reloj ⓜ 시계　habitación ⓕ 방
agua ⓕ 물

4. 주어진 낱말를 이용해 보기처럼 대답해보세요.

보기

¿Qué es el kimchi? → Es una comida.

animal	fruta	deporte	flor	país	comida

① ¿Qué es el fútbol? ______________________

② ¿Qué es el perro? ______________________

③ ¿Qué es Argentina? ______________________

④ ¿Qué es la rosa? ______________________

⑤ ¿Qué es el mango? ______________________

5. 스페인어로 말해보세요.

① 의사들은 미국 사람이에요. ______________________

② 한국산 시계가 예뻐요. ______________________

③ 러시아어는 어려워요. ______________________

④ 영국 학생들은 키가 커요. ______________________

⑤ 페루 요리사들이 아파요. ______________________

animal ⓜ 동물 fruta ⓕ 과일 deporte ⓜ 스포츠 país ⓜ 국가
rosa ⓕ 장미 médico/a ⓜⓕ 의사 cocinero/a ⓜⓕ 요리사

Lección 4 Este es mi amigo

Unidad 1

¿Qué es esto?

Ana ¡Hola, Yuna! Este es mi amigo Luis.

Yuna Mucho gusto, Luis.

Luis Encantado, Yuna.

Ana ¿Qué es eso?

Luis Es un regalo para Yuna.
Es un USB de canciones en español.

Yuna Muchas gracias.

Yuna ¿Eres de España?

Luis No, no soy de aquí. Soy de Colombia.

Yuna ¿Cómo es la gente de allí?

Luis Es alegre y simpática.

regalo ⓜ 선물 para ~를 위해 canción ⓕ 노래 gente ⓕ 사람들

Gramática y expresiones 1

1. 지시사

	남성단수	여성단수	남성복수	여성복수	중성
이, 이것, 이 사람	este	esta	estos	estas	esto
그, 그것, 그 사람	ese	esa	esos	esas	eso
저, 저것, 저 사람	aquel	aquella	aquellos	aquellas	aquello

중성지시대명사는 알지 못하는 대상을 지시하거나 앞에서 말한 바를 가리킬 때 사용한다.

Este es Miguel y esta es María.
Esos son los libros de la profesora.
Aquellos son mis amigos.

Esta película es muy interesante.
Ese señor es mi padre.
Aquellas chicas son mis amigas.

A ¿Qué es esto?
B Es un juguete para perros.

2. aquí(여기), ahí(거기), allí(저기)

Nosotros somos de aquí.
El vino de allí es muy famoso.

¿De quién es?

09

Yuna Mira, esta es una foto de mi familia. Esta es mi mamá.

Ana ¡Qué joven! ¿Y quién es este? ¿Es tu padre?

Yuna Sí, es mi papá.

Ana Es muy guapo.

Yuna Gracias. Y estos son nuestros gatos.

Ana ¡Son preciosos! Vuestro perro también es muy bonito.

Yuna Bueno, este no es nuestro perro.

Ana Entonces, ¿de quién es?

Yuna Es de mi abuela.

mira/e 봐라/보세요 (mirar의 명령형)
joven 젊은
mamá ⓕ 엄마
papá ⓜ 아빠
familia ⓕ 가족
precioso/a 예쁜
foto ⓕ 사진 (fotografía)
gato/a ⓜⓕ 고양이
padre ⓜ 아버지

Gramática y expresiones 2

1. 소유사 전치형

	단수	복수
yo tú Ud., él, ella	**mi** amigo/amiga **tu** amigo/amiga **su** amigo/amiga	**mis** amigos/amigas **tus** amigos/amigas **sus** amigos/amigas
nosotros/as vosotros/as Uds., ellos, ellas	**nuestro** amigo, **nuestra** amiga **vuestro** amigo, **vuestra** amiga **su** amigo/amiga	**nuestros** amigos, **nuestras** amigas **vuestros** amigos, **vuestras** amigas **sus** amigos/amigas

A ¿Es tu perro?
B Sí, es mi perro.

A ¿Su hija es médica?
B Sí, mi hija es médica.

A ¿Cómo están vuestros padres?
B Están muy bien, gracias.

2. 의문사: quién/quiénes (누구)

A ¿Quién es ella?
B Es Rocío, mi hermana.

A ¿Quiénes son ellos?
B Son mis primos.

3. Ser de: 소유관계 표현

A ¿De quién es el coche?
B Es de María.

A ¿De quién son estos libros?
B Son del profesor García.

Nota
de + el → del
de + el profesor → del profesor
de + el cine → del cine

Un poco de todo

A ¡Ánimo!

B Gracias.

A ¡Bienvenido/a (a Corea)!

B Gracias.

A ¡Que aproveche! / ¡Buen provecho!

B Gracias.

A ¡Perdón!

B No pasa nada.

A ¡Salud!

B ¡Salud!

A ¡Jesús! / ¡Salud!

B Gracias.

Ejercicios

1. 빈칸에 알맞은 지시사를 넣어 문장을 완성하세요.

① ________________ gatos son bonitos.

② ________________ chico es mi hermano.

③ ¿Qué es ________________?

④ ________________ es mi amiga Rosa.

⑤ ________________ bicicleta es nueva.

⑥ ________________ son turistas.

2. 보기처럼 알맞은 지시사와 소유사를 사용해 문장을 완성하세요.

보기

este / yo / perro → Este es mi perro.

① aquel / vosotros / profesora ________________

② ese / usted / coche ________________

③ este / tú / fotos ________________

④ aquel / nosotras / padres ________________

⑤ ese / yo / hermanos ________________

chico/a ⓜⓕ 청년, 아가씨 | bicicleta ⓕ 자전거 | turista ⓜⓕ 관광객

3. 보기처럼 문장을 완성하세요.

보기

el niño / madre → el niño y su madre

① Carlos / hermanas

② los estudiantes / profesora

③ las chicas / padre

④ la actriz / hijos

⑤ ustedes / amiga

4. 보기처럼 묻고 대답해보세요.

보기

el libro / Jorge → ¿De quién es el libro? - Es de Jorge.

① esta guitarra / Marta

② los zapatos / mi hermana

③ el coche / el profesor Ramírez

④ esas fotos / el señor Carranza

⑤ aquella casa / mis abuelos

5. 스페인어로 말해보세요.

① 그 책은 López 교수님 것이다.

② 그곳의 커피는 유명하다.

③ 이 자전거는 누구 것이니?

④ 저 여학생들은 그의 친구들이다.

⑤ 그들은 여기 출신이다.

zapato ⓜ 신발 guitarra ⓕ 기타

Lección 5 Hay muchos libros

Unidad 1 ¿Qué hay en la nevera?

Unidad 2 ¿Dónde está el banco?

¿Qué hay en la nevera?

Carmen ¿Qué hay en la nevera?

Antonio Hay huevos y naranjas.

Carmen ¿Cuántas naranjas hay?

Antonio Tres.

Carmen ¿Hay leche?

Antonio No, no hay leche.

Antonio ¿Dónde están mis gafas?

Carmen Están delante de la televisión.

Antonio Ah, aquí están. Gracias.
¿Y dónde está la llave del coche?

Carmen Un momento... Está al lado del teléfono.

Antonio Muchas gracias.

nevera ⓕ 냉장고	delante de ~의 앞에	huevo ⓜ 달걀	llave ⓕ 열쇠
naranja ⓕ 오렌지	momento ⓜ 순간	al lado de ~의 옆에	teléfono ⓜ 전화
gafas ⓕ 안경			

Gramática y expresiones 1

1. 동사: hay (haber), estar (있다)

Hay		Estar	
부정관사	Hay un libro en la mesa. Hay unas naranjas en la nevera.	정관사	El libro está en casa. Las naranjas están en la nevera. El pan está en la mesa.
무관사	Hay pan. No hay naranjas.	인칭대명사	Nosotros estamos en el hospital.
수사	Hay tres chicos.	소유사	Mi madre está aquí.
수량형용사	Hay muchos coches.	고유명사	Laura está en la escuela.

Hay un niño. El niño está en el jardín.

A ¿Dónde estás?

B Estoy en casa.

2. 의문사: cuánto/a/os/as (얼마나 많은)

¿Cuánto vino hay? ¿Cuántas manzanas hay?

3. 숫자

0	cero	10	diez	20	veinte	30	treinta
1	uno/a	11	once	21	veintiuno/a	31	treinta y uno/a
2	dos	12	doce	22	veintidós	32	treinta y dos
3	tres	13	trece	23	veintitrés	40	cuarenta
4	cuatro	14	catorce	24	veinticuatro	50	cincuenta
5	cinco	15	quince	25	veinticinco	60	sesenta
6	seis	16	dieciséis	26	veintiséis	70	setenta
7	siete	17	diecisiete	27	veintisiete	80	ochenta
8	ocho	18	dieciocho	28	veintiocho	90	noventa
9	nueve	19	diecinueve	29	veintinueve	100	cien

uno/a: 남성명사 앞에서는 un을, 여성 명사 앞에서는 una를 쓴다.

un libro　　veintiún libros　　treinta y un libros

una casa　　veintiuna casas　　treinta y una casas

Unidad 2

¿Dónde está el banco?

Ana Perdón, ¿hay un banco por aquí?

Señor Sí, hay uno. Está cerca.

Ana ¿Dónde está el banco?

Señor Está a la derecha de aquella panadería grande.

Ana Muchas gracias. Usted es muy amable.

Señor De nada.

Ana Por favor, ¿hay una librería por aquí cerca?

Señora Sí, hay una en esta calle.
Está enfrente del cine.

Ana Gracias.

perdón 실례합니다	cine ⓜ 영화관	banco ⓜ 은행	por favor 부탁합니다
por ~근처에	panadería ⓕ 빵집	librería ⓕ 서점	calle ⓕ 거리

Gramática y expresiones 2

1. 위치 부사

cerca(가까이), **lejos**(멀리)

Mi casa está cerca (de aquí). El cine está lejos (de la escuela).

arriba(위에), **abajo**(아래에)

El baño está arriba. Mi coche está abajo.

2. 위치 표현

enfrente de - delante de - detrás de

El gato está enfrente del perro.
El perro está delante de la silla.
La silla está detrás del perro.

sobre - encima de - debajo de

El gato está sobre la silla.
El gato está encima de la silla.
El perro está debajo de la silla.

**a la izquierda de - a la derecha de
al lado de - entre**

El perro está a la izquierda de la caja.
El gato está a la derecha de la caja.
El perro está al lado de la caja.
La caja está entre el perro y el gato.

dentro de - fuera de

El gato está dentro de la caja.
El perro está fuera de la caja.

Nota

a + el → al de + el → del
El cine está al lado del banco.

Un poco de todo

1. Sala(거실)

ventana ⓕ 창문	puerta ⓕ 문	teléfono ⓜ 전화기	cuadro ⓜ 그림
sofá ⓜ 소파	televisión ⓕ 텔레비전	mesa ⓕ 탁자	

2. Habitación(방)

escritorio ⓜ 책상	silla ⓕ 의자	ordenador ⓜ / computadora ⓕ 컴퓨터
lápiz ⓜ 연필	cuaderno ⓜ 공책	móvil ⓜ / celular ⓜ 휴대 전화
bolígrafo ⓜ / pluma ⓕ 볼펜	cama ⓕ 침대	

Ejercicios

1. 그림에 대한 설명이 참(V)인지 거짓(F)인지 말해보세요.

① Hay dos sillas en la habitación.

② No hay teléfono en el escritorio.

③ Hay un perro al lado de la silla.

④ No hay libros en la habitación.

⑤ Hay un reloj a la derecha del libro.

⑥ Hay una computadora encima de la cama.

2. Hay나 Estar 동사를 활용해 문장을 완성하세요.

① ________________ un hospital cerca de mi casa.

② ¿Dónde ________________ tus cosas?

③ En Seúl ________________ muchos museos.

④ Ella y yo ________________ fuera de la ciudad.

⑤ ¿ ________________ pan?

⑥ El periódico ________________ en la mesa.

⑦ En mi ciudad ________________ cuatro bibliotecas.

⑧ María ________________ aquí.

hospital ⓜ 병원 　 cosa ⓕ 물건 　 museo ⓜ 미술관, 박물관 　 pan ⓜ 빵
periódico ⓜ 신문 　 biblioteca ⓕ 도서관

3. 보기처럼 질문해보세요.

보기

hospital / esta ciudad → ¿Cuántos hospitales hay en esta ciudad?

① alumno / la clase de español ______

② silla / el bar ______

③ vino / la botella ______

④ libro / la biblioteca ______

⑤ agua / el vaso ______

4. 그림을 보고 보기처럼 문장을 만들어보세요.

보기

Hay un perro. El perro está debajo de la mesa.

① ______

② ______

③ ______

④ ______

⑤ ______

bar ⓜ 바 botella ⓜ 병 vaso ⓜ 컵

Lección 6 Hablo español

Unidad 1 Hablas muy bien el español

Unidad 2 ¿Sabes andar en bicicleta?

Unidad 1

Hablas muy bien el español 

Ana Hablas muy bien el español. ¿Cuánto tiempo llevas aquí en Madrid?

Minsu Llevo un año.

Ana ¿Por qué aprendes español?

Minsu Porque es un idioma importante.

Ana ¿Dónde vives?

Minsu Vivo en una casa cerca de la escuela de idiomas, ¿y tú?

Ana Yo vivo en la residencia de estudiantes. ¿Con quién vives?

Minsu Con una familia española, ¿y tú?

Ana Yo vivo con una compañera de clase.

tiempo ⓜ 시간	llevar ~한 지 ~ 시간이 되다	año ⓜ 해, 년	aprender 배우다
idioma ⓜ 언어	importante 중요한	escuela ⓕ 학교	residencia ⓕ 기숙사, 단체 숙소
con ~와 함께	compañero/a ⓜⓕ 동료, 학우		

Gramática y expresiones 1

1. 규칙동사 현재형

	-ar: hablar	-er: comer	-ir: vivir
yo	habl**o**	com**o**	viv**o**
tú	habl**as**	com**es**	viv**es**
Ud., él, ella	habl**a**	com**e**	viv**e**
nosotros/as	habl**amos**	com**emos**	viv**imos**
vosotros/as	habl**áis**	com**éis**	viv**ís**
Uds., ellos, ellas	habl**an**	com**en**	viv**en**

A ¿Hablas español?
B Sí, hablo español.

A ¿Qué idioma habla Sofía?
B Sofía habla chino.

No hablamos japonés.
Ellos hablan en coreano.
Él habla mucho.

A ¿Dónde comes normalmente?
B Como en casa.

A ¿Qué comen ustedes?
B Comemos arroz con pollo.

A ¿Dónde vives?
B Vivo en Seúl.

A ¿Vive Ud. con sus padres?
B No, no vivo con ellos. Vivo solo.

Vivimos cerca de la universidad.
Mis padres viven lejos de aquí.

2. 의문사: por qué (왜)

A ¿Por qué estás en casa?
B Porque estoy enferma.

A ¿Por qué no comes pollo?
B No como pollo porque soy vegetariano.

Unidad 2 ¿Sabes andar en bicicleta?

13

Miguel	¿Sabes andar en bicicleta?
Minsu	Sí, ¿y tú?
Miguel	Yo también. Pero no sé andar en moto.
Minsu	Yo tampoco.

Vecina	¿Sabes quién es aquel chico?
Carmen	Es un amigo de Ana. Se llama Minsu.
Vecina	¿Puede hablar español?
Carmen	Sí, habla muy bien.

andar 걷다, 다니다
vecino/a ⓜⓕ 이웃 사람
moto ⓕ 오토바이 (=motocicleta)
hablar 말하다
tampoco 또한 ~하지 않다/없다

Gramática y expresiones 2

1. 불규칙 동사: saber(알다), poder(할 수 있다)

yo	**sé**	p**ue**do
tú	sabes	p**ue**des
Ud., él, ella	sabe	p**ue**de
nosotros/as	sabemos	podemos
vosotros/as	sabéis	podéis
Uds., ellos, ellas	saben	p**ue**den

Yo sé su nombre.
Juan sabe conducir.

¿Sabes quién es ella?

Puedo escribir en chino.
No podemos comer más.

¿Puedo entrar?

2. 의문사

qué 무엇/무슨	¿Qué es el churro?	¿Qué libro lees?
cuándo 언제	¿Cuándo regresas?	¿Cuándo es tu cumpleaños?
cómo 어떻게	¿Cómo es María?	¿Cómo están tus padres?
dónde 어디	¿Dónde estás?	¿Dónde vive ella?
por qué 왜	¿Por qué no comes carne?	¿Por qué estás aquí?
quién(es) 누구	¿Quién es él?	¿Quién sabe conducir?
	¿Quiénes viven cerca de la universidad?	
cuál(es) 어떤 것/무엇	¿Cuál (de ellos) es tu novio? ¿Cuáles son tus zapatos? ¿Cuál es tu nombre/teléfono/dirección?	
cuánto/a/os/as 얼마나/몇	¿Cuánto es? ¿Cuántos sois en tu familia?	¿Cuánta gente hay en el mundo? ¿Cuántas sillas hay?

Un poco de todo

규칙동사

-ar 형 동사

-er 형 동사

-ir 형 동사

Ejercicios

1. 주어진 동사를 활용해 문장을 완성하세요.

① Yo ________________ café en casa. (tomar)

② Luis ________________ un libro de viaje. (comprar)

③ Tú ________________ un regalo. (recibir)

④ Nosotros ________________ mucha agua. (beber)

2. 보기처럼 대답해보세요.

보기
Hablo francés, ¿y usted? → También hablo francés.
Yo no sé nadar, ¿y Pedro? → Tampoco sabe nadar.

① Yo aprendo chino, ¿y tú? ________________

② No hablamos alemán, ¿y vosotros? ________________

③ Alberto no come carne, ¿y Rosa? ________________

④ Ellos pueden andar en bicicleta, ¿y sus hijos? ________________

3. 빈칸에 알맞은 의문사를 넣어 문장을 완성하세요.

① ¿ ________________ estás en la cama? - Porque estoy enfermo.

② ¿ ________________ es tu casa? - Es pequeña pero bonita.

③ ¿ ________________ son tus apellidos? - García González.

④ ¿ ________________ estudian Uds.? - Estudiamos español.

⑤ ¿ ________________ libros hay? - Hay diez.

⑥ ¿ ________________ es ella? - Es mi tía.

tomar 먹다, 마시다 viaje ⓜ 여행 carne ⓕ 고기
apellido ⓜ 성(姓)

4. Saber 동사를 활용해 문장을 완성하세요.

① Mis amigos ________________ mi dirección.

② Usted ________________ bailar tango.

③ – ¿Qué es aquello? ¿Tú ________________? – (Yo) No ________________ tampoco.

④ ¿________________ (vosotros) nadar?

⑤ Mi abuela no ________________ japonés.

5. 빈칸에 들어갈 말을 보기에서 골라 문장을 완성하세요.

보기

abrir	aprender	escribir	escuchar	trabajar

① Mi padre ________________ en un restaurante. Es cocinero.

② Yo ________________ con lápiz.

③ Los estudiantes ________________ música por la radio.

④ Nosotros ________________ español e inglés en la escuela.

⑤ Tú ________________ la puerta.

6. Poder 동사를 활용해 문장을 완성하세요.

① Nosotros no ________________ trabajar más. Estamos muy cansados.

② La niña ________________ escribir su nombre.

③ Mamá, ¿ ________________(yo) comer más?

④ ¿________________ (tú) regresar hoy?

⑤ Los perros ________________ correr muy bien.

dirección ⓕ 주소 | música ⓕ 음악 | radio ⓕ 라디오 | puerta ⓕ 문
más 더 | nombre ⓜ 이름 | regresar 돌아가다

Perú_Machu Picchu

Guatemala_Chichicastenango, 원주민 시장

Lección 7 ¿Adónde vas?

Unidad 1 Voy al centro

Unidad 2 Estamos en el primer piso

Unidad 1

Voy al centro

Carmen	¡Hijo! ¿Adónde vas?
Miguel	Voy al centro.
Carmen	¿Cuándo regresas a casa? Tu prima Teresa viene de Sevilla esta tarde.
Miguel	¿Sabes qué va a hacer mañana?
Carmen	Va a visitar la casa de los abuelos.

Miguel	¡Hola, Teresa! ¿Qué tal Sevilla?
Teresa	Como siempre, alegre y divertida.
Miguel	Este verano voy a visitar Sevilla.
Teresa	¡Qué bien! Podemos pasar juntos las vacaciones.

centro ⓜ 중앙, 중심지	primo/a ⓜⓕ 사촌	tarde ⓕ 오후	mañana ⓕ 아침, 내일
visitar 방문하다	como ~처럼	siempre 항상	verano ⓜ 여름
pasar 지내다	junto/a 함께	vacación ⓕ 휴가, 방학	divertido/a 재미 있는

Gramática y expresiones 1

1. 동사 : ir(가다), venir(오다), hacer(하다, 만들다)

yo	**voy**	ven**go**	ha**go**
tú	**vas**	v**ie**nes	haces
Ud., él, ella	**va**	v**ie**ne	hace
nosotros/as	**vamos**	venimos	hacemos
vosotros/as	**vais**	venís	hacéis
Uds., ellos, ellas	**van**	v**ie**nen	hacen

A ¿Adónde vas?
B Voy al bar.

A ¿De dónde vienes?
B Vengo de casa.

A ¿Qué haces?
B Leo una novela.

A ¿Ella va ahora?
B No, va después.

A ¿Vienen los alumnos a la clase?
B Sí, vienen ahora.

A ¿No hacéis ejercicio?
B No, estamos cansadas.

Voy al bar a tomar café.
Vengo a cenar en casa.

2. ir a + 동사원형: ~할 예정이다

Voy a escuchar música.
Mis padres van a viajar por Europa.
Vamos a comer en aquel restaurante.

A ¿Qué vas a hacer mañana?
B Voy a trabajar.

Vamos a + 동사 원형: 문맥에 따라 '~하자'라는 의미도 있음.
¡Niños, vamos a estudiar!

Unidad 2 Estamos en el primer piso

(Ana y Miguel están en el Museo del Prado.)

Ana Por favor, ¿dónde está la sala de Velázquez?

Guardia Está en el primer piso.

Miguel ¿Y la sala de Goya?

Guardia Los cuadros de Goya están en la segunda planta.

Ana y Miguel Muchas gracias. Es Ud. muy amable.

(En la sala de Velázquez)

Miguel Allí está el famoso cuadro *Las Meninas*.

Ana ¡Mira! La niña del centro tiene el pelo rubio y lleva un vestido precioso.

Miguel Es verdad. Ana, ¿vamos a tomar algo en la cafetería? Tengo mucha hambre.

Ana Bueno, yo también tengo sed. Vamos.

sala ⓕ 홀, 연회장	guardia ⓜⓕ 경비원	piso ⓜ 층, 아파트	planta ⓕ 층, 식물
famoso/a 유명한	niño/a ⓜⓕ 어린아이	pelo ⓜ 머리카락	rubio/a 금발의
llevar 입다	vestido ⓜ 드레스, 원피스	algo 어떤 것	cafetería ⓕ 카페

Gramática y expresiones 2

1. 동사: tener(가지다)

yo	ten**go**	nosotros/as	tenemos
tú	t**ie**nes	vosotros/as	tenéis
Ud., él, ella	t**ie**ne	Uds., ellos, ellas	t**ie**nen

Tengo un lápiz.

Carmen tiene los ojos verdes y el pelo negro.

La casa tiene muchas ventanas.

A ¿Cuántos hermanos tiene ella?

B Tiene una hermana.

A ¿Cuántos años tiene Ud.?

B Tengo veinticinco años.

2. tener 관용 표현

tener	**+**	calor, frío, sed, hambre sueño, miedo, razón, prisa, suerte dolor de + 신체명	Tenemos mucha sed. Ud. tiene razón. Yuna tiene dolor de cabeza.

3. 서수

1.º/ 1.ª	2.º/ 2.ª	3.º/ 3.ª	4.º/ 4.ª	5.º/ 5.ª
primero/a primer	segundo/a	tercero/a tercer	cuarto/a	quinto/a
6.º/ 6.ª	7.º/ 7.ª	8.º/ 8.ª	9.º/ 9.ª	10.º/ 10.ª
sexto/a	séptimo/a	octavo/a	noveno/a	décimo/a

primero, tercero: 남성명사 단수형 앞에서 어미 –o가 탈락된다.

el primer(tercer) día de la semana

mi primer amor

La escuela de idiomas está en la primera planta.

María es la tercera de sus hermanos.

명사 뒤에 기수를 쓸 경우 서수와 같은 의미가 된다.

el cuarto capítulo = el capítulo cuatro

Un poco de todo

1. Cuerpo (몸)

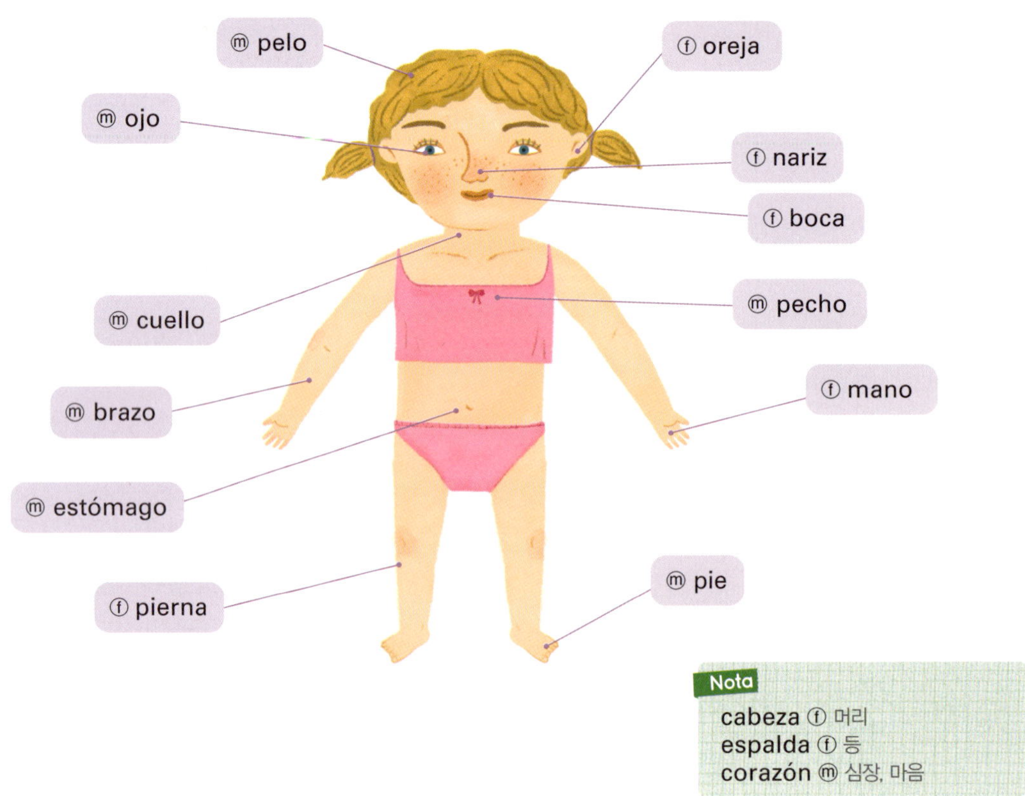

Nota

cabeza ⓕ 머리
espalda ⓕ 등
corazón ⓜ 심장, 마음

2. 상대의 말을 이해하기 힘들 때 쓰는 표현

다시 말씀해주시겠어요?
Otra vez, por favor.
¿Perdón?
¿Cómo?

조금 더 천천히 말씀해주세요.
Más despacio, por favor.

죄송합니다만 잘 알아듣지 못하겠어요.
Lo siento. No entiendo bien.

Ejercicios

1. 빈칸에 들어갈 말을 보기에서 골라 문장을 완성하세요.

보기

ir　　venir　　tener　　hacer

① Carmen ________________ del trabajo.

② Tus hijos ________________ la cama.

③ Juan y Ana ________________ a vivir en el pueblo el año próximo.

④ La señora ________________ un coche coreano.

2. 사진을 보고 문장을 완성하세요.

①

②

③

④

① Tengo ________________.

② Tenemos ________________.

③ Ud. tiene ________________.

④ Tengo ________________.

3. 보기처럼 대답해보세요.

¿Qué vas a hacer esta tarde? (ir al cine) → Esta tarde voy a ir al cine.

① ¿Qué van a hacer Uds. mañana? (visitar el museo) ________________

② ¿Qué vais a hacer después de comer? (ir a la librería) ________________

③ ¿Qué va a hacer Ud. ahora? (comprar frutas) ________________

④ ¿Qué van a hacer ellas este fin de semana? (ir a Sevilla) ________________

trabajo ⓜ 직장　　vivir 살다　　pueblo ⓜ 시골, 마을
próximo/a 다음의　　después (de) ~후에　　fin de semana ⓜ 주말

4. 빈칸에 서수를 넣어 문장을 완성하세요.

① El banco está en el ______ piso.

② El gimnasio y la cafetería están en el ______ piso.

③ En la ______ planta hay una escuela de idiomas.

④ La librería está en la ______ planta.

5. Tener 동사를 활용해 글을 완성하세요.

Yo ______________ dos amigas en España. Una de ellas se llama María y la otra, Elena. Las dos son madrileñas y ______________ el pelo castaño y los ojos verdes. María ______________ veintiún años, y Elena y yo ______________ veintidós. Este verano voy a visitar a mis amigas y a pasar unos días en sus casas. La casa de Elena ______________ muchas habitaciones y yo no ______________ problema para estar allí. María también ______________ una habitación grande, por eso ella y yo podemos usar juntas su cuarto. Mis amigas españolas son simpáticas y yo ______________ suerte.

gimnasio ⓜ 체육관	cafetería ⓕ 카페테리아	otro/a 다른
madrileño/a ⓜⓕ 마드리드사람	castaño/a 밤색의	verde 초록색의
usar 사용하다	cuarto ⓜ 방	suerte ⓕ 운

Lección 8 Te doy un regalo

Unidad 1 ¿Me conoces?

Unidad 2 Te lo voy a dar

¿Me conoces?

16

Compañero	¡Hola, Ana! ¿Cómo está tu hermano?
Ana	¿Me conoces?
Compañero	Claro, te conozco. Eres hermana de Juan, ¿no? Yo soy su compañero de trabajo.
Ana	¡Ah, sí! Mucho gusto. Mi hermano está mejor.
Compañero	Pienso visitarlo. ¿Todavía está en el hospital?
Ana	No, ahora está en casa.

Miguel	Yuna, ¿conoces Roma? Sé que hablas muy bien el italiano.
Yuna	Todavía no conozco esa ciudad, pero pienso visitarla pronto.
Miguel	¿Sabes cocinar alguna comida italiana?
Yuna	No, solo sé preparar espagueti.

claro 분명히, 확실히	mejor 더 나은	todavía 아직도	ahora 지금
pronto 곧	cocinar 요리하다	alguno/a 어떤	solo 혼자의, 오직
preparar 준비하다			

Gramática y expresiones 1

1. 동사: conocer(알다), dar(주다), pensar(생각하다)

yo	cono**z**co	**doy**	pi**e**nso
tú	conoces	das	pi**e**nsas
Ud., él, ella	conoce	da	pi**e**nsa
nosotros/as	conocemos	damos	pensamos
vosotros/as	conocéis	dais	pensáis
Uds., ellos, ellas	conocen	dan	pi**e**nsan

구체적인 사람이 직접목적어일 때는 전치사 a를 그 앞에 쓰며, 간접목적어 앞에서도 a를 쓴다.

Conozco a María.

Conocemos Madrid.

Le doy un regalo a Juan.

Él piensa en sus hijos.

Pienso ir ahora.

Nota

conocer는 사람이나 장소를,
saber는 사실이나 정보를 안다는 의미로 사용된다.

Sé que vives aquí. Sé tu nombre.
¿Sabes quién es María? ¿Sabes conducir?

2. 간접목적대명사(~에게)

yo	me	nosotros/as	nos
tú	te	vosotros/as	os
Ud., él, ella	le	Uds., ellos, ellas	les

동사 앞에 위치하며, le, les는 목적어의 성별에 따라 변화하지 않는다.

Te compramos un libro.

La madre le da dinero (a su hijo).

3. 직접목적대명사(~을/를)

yo	me	nosotros/as	nos
tú	te	vosotros/as	os
Ud., él, ella	lo, la	Uds., ellos, ellas	los, las

lo, la, los, las는 목적어가 사람이든 사물이든 그 성과 수에 일치시킨다.
직 · 간접목적대명사를 함께 쓸 때는 간접목적대명사가 직접목적대명사 앞에 온다.

Conocemos a Juan. → Lo conocemos.

Tus amigos te dan las rosas. → Tus amigos te las dan.

Te lo voy a dar

17

Miguel ¡Hola, Yuna! ¿Qué haces aquí?

Yuna ¡Hola! Busco un libro sobre la cultura española.

Miguel Tengo uno sobre ese tema.

Yuna ¿Me dices el título? ¿Puedes dejármelo?

Miguel ¡Claro! Es *España: Cultura y Civilización*.

Yuna ¡Qué suerte! Es exactamente el libro que busco.

Miguel Mañana te lo voy a dar. ¡Es un regalo para ti!

Yuna ¿Para mí? Muchas gracias. Siempre eres bueno conmigo.

buscar 찾다	sobre ~에 대하여	cultura ⓕ 문화	tema ⓜ 주제
título ⓜ 제목	dejar 빌려주다	civilización ⓕ 문명	exactamente 정확하게

Gramática y expresiones 2

1. 동사: decir(말하다)

yo	**digo**	nosotros/as	decimos
tú	**di**ces	vosotros/as	decís
Ud., él, ella	**di**ce	Uds., ellos, ellas	**di**cen

Te digo la verdad.

Dicen que Juan es una buena persona.

Nota
hablar 동사는 언어명을 제외하고는 목적어를 가질 수 없다.

2. 전치격 인칭대명사

a, de, en, por, para etc.	**yo → mí** **tú → ti** Ud., él, ella	nosotros/as vosotros/as Uds., ellos, ellas

Él piensa en ella todo el día.

A ¿Estas flores son para mí?

B Claro, son para ti.

con + yo → conmigo

A ¿Vienes conmigo a la librería?

B Sí, voy contigo.

con + tú → contigo

A ¿Coméis con nosotros?

B Sí, comemos con vosotros.

3. 동사원형과 함께 쓰는 목적대명사

직 · 간접 목적대명사가 동사원형과 함께 쓰일 때는 동사구 앞에 위치하거나 동사원형 뒤에 한 단어처럼 붙여 쓴다.

Te lo voy a dar. → Voy a dártelo.

Me la van a regalar. → Van a regalármela.

Un poco de todo

1. 감탄문

¡Qué	blusa! blusa más elegante (es)! bien (hablas)! guapa (es)! suerte (tienes)!

A Mira, este es el parque de Güell.
B ¡Qué bonito es!

¡Cómo	bailan! cantas! come!

2. 기원 표현

A ¡Feliz cumpleaños!
A ¡Feliz/Buen viaje! **B** Gracias.
A ¡(Buena) Suerte!

A ¡Feliz fin de semana!
A ¡Feliz Año Nuevo! **B** Igualmente.
A ¡Feliz Navidad!

Ejercicios

1. 빈칸에 알맞은 간접목적대명사를 넣어 문장을 완성하세요.

① Mis padres ______________ dan dinero. (a nosotros)

② Ana ______________ compra una novela a su amiga.

③ ¿Tú ______________ escribes una carta a mí?

④ ¿ ______________ doy un lápiz? (a Uds.)

2. 보기처럼 직접목적대명사를 이용해 문장을 재구성하세요.

보기
Ellas compran los libros. → Ellas los compran.

① Mi padre lee el periódico. ______________

② Hoy visitamos el museo. ______________

③ Ellos preparan la cena. ______________

④ María canta canciones españolas. ______________

3. 보기처럼 직 · 간접목적대명사를 이용해 문장을 재구성하세요.

보기
El profesor nos explica la lección. → El profesor nos la explica.

① La abuela nos da un vaso de leche. ______________

② Ellos os regalan flores. ______________

③ Nosotros te compramos los zapatos. ______________

④ Juan no me dice la verdad. ______________

dinero ⓜ 돈
cantar 노래하다
carta ⓕ 편지
explicar 설명하다
cena ⓕ 저녁 식사
regalar 선물하다

4. 보기처럼 감탄문을 만들어 보세요.

Yuna habla muy bien el español. → ¡Qué bien habla Yuna el español!

① Mi hermano es muy alto.

② La enfermera está muy cansada.

③ El chico tiene mucho calor.

④ Las niñas corren muy rápido.

5. 주어진 말을 이용해 문장을 완성하세요.

① Voy a la casa de ______________. (ellas)

② Esta carta es para ______________. (yo)

③ Solo pienso en ______________. (tú)

④ Voy a hablar con ______________. (tú)

6. 의미가 통하게 문장을 연결하세요.

① ¿Piensas ir ahora? •	• a. Sí, solo digo la verdad.
② ¿Dices la verdad? •	• b. No, no lo conocemos.
③ ¿Quién te da la fiesta? •	• c. Me la dan mis padres.
④ ¿Conocen el restaurante Don Mario? •	• d. No, no pienso ir.

enfermero/a ⓜⓕ 간호사 **rápido** 빨리 **fiesta** ⓕ 파티

Lección 9 En el restaurante

Unidad 1 ¿Qué quieren de primero?

Unidad 2 Se la traigo ahora

¿Qué quieren de primero?

18

Camarero	¿Qué quieren Uds. de primero?
Ana	Yo quiero una ensalada.
Miguel	Yo, paella.
Camarero	De segundo, ¿qué desean?
Ana	¿Cuál es el plato especial de hoy?
Camarero	Tenemos pollo asado con patatas. Está muy rico.
Ana	Bueno, yo quiero uno. ¿Y tú?
Miguel	No quiero comer carne. Prefiero sardinas asadas.
Camarero	Muy bien. ¿Y para beber?
Ana	Queremos una botella de vino tinto.
Camarero	¿Quieren postre?
Ana	Sí, quiero un helado de chocolate.
Miguel	Yo, una tarta de queso.

camarero/a ⓜⓕ 웨이터
especial 특별한
sardina ⓕ 정어리
helado ⓜ 아이스크림
ensalada ⓕ 샐러드
pollo ⓜ 닭고기
botella ⓕ 병
tarta ⓕ 케이크
desear 원하다
asado/a 구운
tinto/a 검붉은
chocolate ⓜ 초콜릿
plato ⓜ 요리, 접시
patata ⓕ 감자
postre ⓜ 후식
queso ⓜ 치즈

Gramática y expresiones 1

1. 동사: querer(원하다, 사랑하다)

yo	qu**ie**ro	nosotros/as	queremos
tú	qu**ie**res	vosotros/as	queréis
Ud., él, ella	qu**ie**re	Uds., ellos, ellas	qu**ie**ren

A ¿Quiere (Ud.) un té?
B Sí, gracias. / No, no lo quiero.

A ¿Me quieres?
B Sí, te quiero mucho.

A ¿Queréis ir al cine?
B No, no queremos ir.

A ¿Quieres a tus amigos?
B Sí, los quiero.

2. 동사: preferir(선호하다)

yo	pref**ie**ro	nosotros/as	preferimos
tú	pref**ie**res	vosotros/as	preferís
Ud., él, ella	pref**ie**re	Uds., ellos, ellas	pref**ie**ren

A ¿Quiere (Ud.) un té?
B No, prefiero un café.

preferir A a B: B보다 A를 선호하다

A ¿Qué prefieres? ¿Café o té?
B Prefiero el café al té.

Los ancianos prefieren andar a correr.
Generalmente los chicos prefieren la carne al pescado.

Se la traigo ahora

Ana	¿Qué tal la comida?
Miguel	Está muy buena.
Ana	¿Quieres algo más?
Miguel	No, estoy lleno.
Ana	Entonces, ¿le pedimos la cuenta al camarero?
Miguel	De acuerdo. ¡Camarero! ¡La cuenta, por favor!
Camarero	Sí, se la traigo enseguida, señor.

Camarero	¿Qué le pongo?
Antonio	¿Me pone un café con leche y una tostada?
Camarero	¿Y para Ud.?
Carmen	Para mí, un zumo de naranja, por favor.

lleno/a 가득 찬　pedir 주문하다(pido, pides, pide, pedimos, pedís, piden)
cuenta ⓕ 계산서　acuerdo ⓜ 동의　enseguida 즉시　tostada ⓕ 토스트　zumo ⓜ 주스

Gramática y expresiones 2

1. 간접목적대명사 se

le/ les + lo/ la/ los/ las → se + lo/ la/ los/ las

3인칭 직 · 간접목적대명사가 함께 쓰일 경우, le, les는 se로 바뀐다.

La madre le da un libro a su hija. → La madre se lo da.

Juan quiere comprarles unas flores a ellas.

→ Juan se las quiere comprar./ Juan quiere comprárselas.

2. 목적대명사의 중복 사용

대상을 명시하거나 강조하기 위해 목적대명사와 목적어를 함께 사용하기도 한다.

Les damos unas flores (a Mina y Yuna).

Escribo a ella. (×)
Le escribo a ella. (○)
Le escribo a Yuna. (○)

Compro esta casa.(○)
La compro. (○)

Él quiere a mí. (×)
Él me quiere. (○)
Él me quiere a mí. (○)
Él quiere a Yuna. (○)

3. 동사: traer(가져오다), poner(놓다, 두다)

	traer	poner
yo	tra**igo**	pon**go**
tú	traes	pones
Ud., él, ella	trae	pone
nosotros/as	traemos	ponemos
vosotros/as	traéis	ponéis
Uds., ellos, ellas	traen	ponen

Te traigo un vaso de agua.

Traemos una tarta para la fiesta.

Pongo un libro sobre la mesa.

Mi madre me pone la cena.

Un poco de todo

먹거리 및 식기류

Ejercicios

1. 빈칸에 들어갈 말을 보기에서 골라 문장을 완성하세요.

보기

querer	preferir	traer	poner

① Mi hermana y yo ________________ mucho a nuestra madre.

② Yo te ________________ un vaso de agua.

③ La madre ________________ la mesa para la cena.

④ Los chicos ________________ jugar a leer.

2. 보기처럼 목적대명사를 이용해 문장을 재구성하세요.

보기

Los padres regalan la bicicleta a sus niños. → Los padres se la regalan.

① Ana le da un regalo a su compañera. ________________

② Juan no les deja el coche a sus hijos. ________________

③ Los turistas le hacen preguntas al policía. ________________

④ Les explico las lecciones a mis alumnos. ________________

3. 의미가 통하게 문장을 연결하세요.

① De primero, •	• a. quiero carne con patatas.
② De segundo, •	• b. queremos dos botellas de agua.
③ Para beber, •	• c. quiero sopa de pescado.
④ ¡Hola, buenas tardes! •	• d. quiero helado.
⑤ De postre, •	• e. ¿Tienen una mesa libre?

jugar 놀다
sopa ⓕ 수프
pregunta ⓕ 질문
libre 자유로운, 비어 있는
policía ⓜⓕ 경찰관
pescado ⓜ 생선

4. 빈칸에 알맞은 전치격 인칭대명사를 넣어 문장을 완성하세요.

① ¿Me quieres a ______________?

② Sí, claro. Te quiero mucho a ______________.

③ A ______________ os traigo la comida.

④ Les damos una fiesta a ______________(Juan y Ana).

⑤ Él canta para ______________(su novia).

⑥ Esta carta viene de ______________(los padres).

5. 명칭을 말해보세요.

① ______________

② ______________

③ ______________

④ ______________

⑤ ______________

⑥ ______________

6. Querer나 Preferir 동사를 활용해 글을 완성하세요.

Carmen ______________ subir a la montaña este fin de semana pero su marido Antonio ______________ ir al mar. Los dos ______________ llevar a sus hijos y por eso ______________ saber las opiniones de ellos para decidir. Lola, la hija mayor, ______________ el mar a la montaña porque ______________ tomar el sol. En cambio, Miguel, el pequeño, ______________ ir a la montaña y ______________ hacer camping por la noche.

novio/a ⓜⓕ 연인	subir 오르다	montaña ⓕ 산	marido ⓜ 남편
mar ⓜⓕ 바다	llevar 데리고 가다	opinión ⓕ 의견	mayor 연상의
decidir 결정하다	sol ⓜ 태양	en cambio 반면에	

Lección 10 Hace buen tiempo

Unidad 1

Llueve en invierno

Miguel Voy a salir, mamá. ¿Qué tiempo hace hoy?

Carmen Ahora hace muy buen tiempo.
Pero en la tele dicen que va a llover esta noche.
¿Adónde vas?

Miguel Voy con Yuna al zoo.
Hace años que no voy al zoo.

Carmen Muy bien, hijo. ¿Vuelves tarde?

Miguel No, no voy a volver muy tarde.

Carmen ¿Por qué no llevas un paraguas?

Miguel Sí, llevo uno, mamá.

Yuna ¿Nieva en invierno en Madrid?

Antonio Muy pocas veces.
Normalmente llueve en invierno,
pero nieva bastante en las montañas del norte.

Yuna ¡Qué interesante!
Muchos coreanos creen que en España siempre hace sol.

tiempo ⓜ 날씨, 시간	tele ⓕ televisión	llover 비 오다	paraguas ⓜ 우산
invierno ⓜ 겨울	poco/a 약간	vez ⓕ 차례, 횟수	bastante 꽤
norte ⓜ 북쪽	creer 생각하다, 믿다		

Gramática y expresiones 1

1. ¿Qué tiempo hace (hoy / mañana / el lunes)?

Hace	(muy)	+	buen tiempo mal tiempo
Hace	(mucho)	+	frío / calor / viento / sol
Llueve / Nieva	mucho / un poco / poco		
Hay	niebla / nubes / tormenta		
Está	nublado		

Este invierno va a nevar mucho.

Pronto va a llover.

Nieva mucho en el norte.

Mañana va a hacer buen tiempo.

2. 동사: salir(나가다, 출발하다), volver(돌아가다)

yo	sal**go**	v**ue**lvo
tú	sales	v**ue**lves
Ud., él, ella	sale	v**ue**lve
nosotros/as	salimos	volvemos
vosotros/as	salís	volvéis
Uds., ellos, ellas	salen	v**ue**lven

El tren sale de la estación.

Salgo a pasear con el perro.

Mi hermano vuelve al parque.

3. hace + 시간 단위 + que ~ (~한 지 ~되다)

A ¿Cuánto tiempo hace que vives aquí?

B Hace cinco semanas que vivo aquí.

A ¿Cuántos meses hace que no hablas con María?

B Hace un mes.

Unidad 2

Hay que ser más abiertos a los cambios

21

Yuna ¿Qué idiomas sabes hablar?

Miguel Hablo inglés, francés y un poco de ruso.

Yuna ¿Es difícil el ruso?

Miguel Sí, y lo aprendc poca gente.

Yuna Últimamente veo muchos extranjeros en la calle.
Hoy en día no hay fronteras entre países.

Miguel Es verdad. Por eso, tenemos que aprender varios idiomas.

Yuna Y hay que ser más abiertos a los cambios.

Miguel Tienes razón.

últimamente 최근에	extranjero/a ⓜⓕ 외국인	frontera ⓕ 국경	vario/a 여럿의
abierto/a 열린	cambio ⓜ 변화		

Gramática y expresiones 2

1. 의무 표현

hay que + 동사 원형 (비인칭, 일반적)

¿Hay que tener un visado para viajar a Egipto?
No hay que hablar alto en la biblioteca.

tener que + 동사 원형 (특정, 개인적)

Tienes que hacer deporte para tener buena salud.
Tenéis que decirme la verdad.

Nota
No tener que + 동사 원형: ~할 필요가 없다
No tengo que trabajar hoy. Es fiesta.

2. 동사: ver (보다)

yo	v**eo**	nosotros/as	vemos
tú	ves	vosotros/as	veis
Ud., él, ella	ve	Uds., ellos, ellas	ven

¿Ves mi bicicleta por allí?
No veo mucho la televisión.

3. un poco(조금), un poco de(~ 조금), poco(거의 ~ 않는/없는)

동사 + un poco/poco	Hablo un poco con los amigos. Desde el año pasado te veo poco.
un poco/poco + 형용사/부사	La bebida es un poco cara. El libro está un poco arriba. La chica es poco amable.
un poco de + 불가산명사 poco/a/os/as + 명사	Quiero tomar un poco de vino. ¿Me das un poco de agua? Tengo pocos amigos pero son muy buenos.

Un poco de todo

1. Estación (계절)

primavera	verano	otoño	invierno

La primavera es mi estación favorita.
En verano hace mucho calor.
Llueve en otoño.
Este invierno va a nevar mucho.

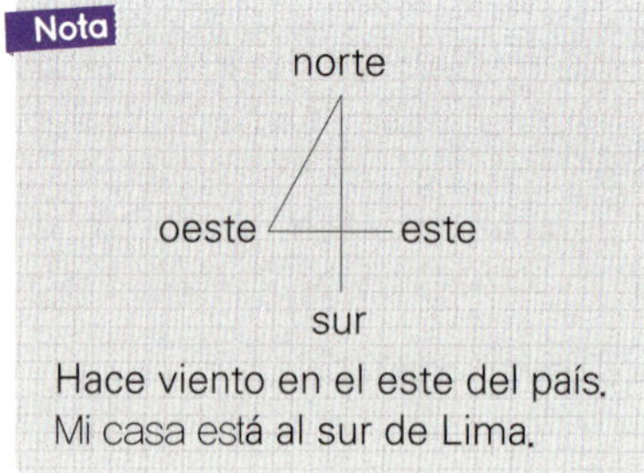

Hace viento en el este del país.
Mi casa está al sur de Lima.

2. 하루의 시간대 구분

mañana	tarde	noche
por la mañana esta mañana mañana por la mañana	por la tarde esta tarde mañana por la tarde	por la noche esta noche mañana por la noche

Por la tarde hay muchos coches en esta calle.
Toco el piano todos los días por la mañana.
Hace buen tiempo esta mañana.

Ejercicios

1. ¿Qué tiempo hace?

① 

② 

③ 

④ 

⑤ 

⑥ 

2. 의미가 통하게 문장을 연결하세요.

① Llueve mucho. •	• a. No hace mucho frío.
② Hace sol. •	• b. Hace mucho frío.
③ Va a llover. •	• c. ¿Dónde está mi paraguas?
④ No quiero llevar el abrigo. •	• d. Está nublado.
⑤ Hace diez grados bajo cero. •	• e. Quiero salir a pasear.

3. 보기처럼 질문과 반대의 내용으로 대답해보세요.

① ¿Hace frío?

② ¿Hace buen tiempo?

③ ¿Llueve mucho?

abrigo ⓜ 코트　　pasear 산책하다

4. 빈칸에 들어갈 말을 보기에서 골라 문장을 완성하세요.

보기

sol	nevar	llover	temperatura

① ¿Me dejas tu paraguas? Va a ________________.

② Este fin de semana van a subir las ________________.

③ Vamos a la playa porque hace ________________.

④ Ya podemos esquiar. ________________ mucho.

5. 의미가 통하게 문장을 연결하세요.

① En el cine, •		• a. comprar un billete.
② Tengo un examen, •	㉠ hay que	• b. descansar.
③ Antes de subir al tren, •	㉡ tener que	• c. hablar en voz baja.
④ Para llevar una vida sana, •		• d. comer frutas.
⑤ Estoy muy cansada, •		• e. estudiar mucho.

6. 빈칸에 들어갈 말을 보기에서 골라 문장을 완성하세요.

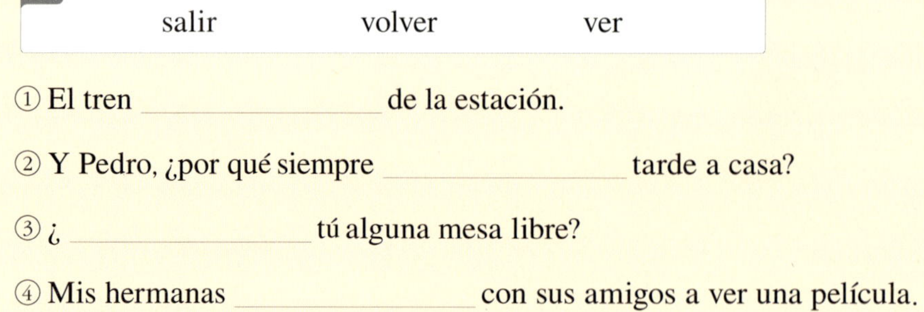

보기

salir	volver	ver

① El tren ________________ de la estación.

② Y Pedro, ¿por qué siempre ________________ tarde a casa?

③ ¿ ________________ tú alguna mesa libre?

④ Mis hermanas ________________ con sus amigos a ver una película.

temperatura ⓕ 온도, 기온	antes (de~) ~전에	esquiar 스키타다	tren ⓜ 기차
vida ⓕ 삶	sano/a 건강한	billete ⓜ 티켓, 지폐	descansar 쉬다
voz ⓕ 목소리	estación ⓕ 역, 계절	película ⓕ 영화	

Lección 11 Hoy es 1 de junio

Unidad 1 ¿Qué fecha es hoy?

Unidad 2 ¿Qué hora es?

Unidad 1

¿Qué fecha es hoy?

Antonio ¿Cuándo es la boda de tu prima?

Carmen Es el 4 de junio. Solo quedan tres días para la boda.

Antonio A ver, hoy es... ¿Qué fecha es hoy?

Carmen Es 1 de junio.

Antonio Como hoy es miércoles... la boda es el sábado, ¿verdad?

Carmen Sí.

Antonio ¿Sabes adónde van los novios de luna de miel?

Carmen Van a Inglaterra. Van a viajar en tren por todo el país.

boda ⓕ 결혼식	quedar 남다	como ~때문에	luna ⓕ 달
miel ⓜ 꿀	viajar 여행하다	todo/a 모든	

Gramática y expresiones 1

1. 날짜

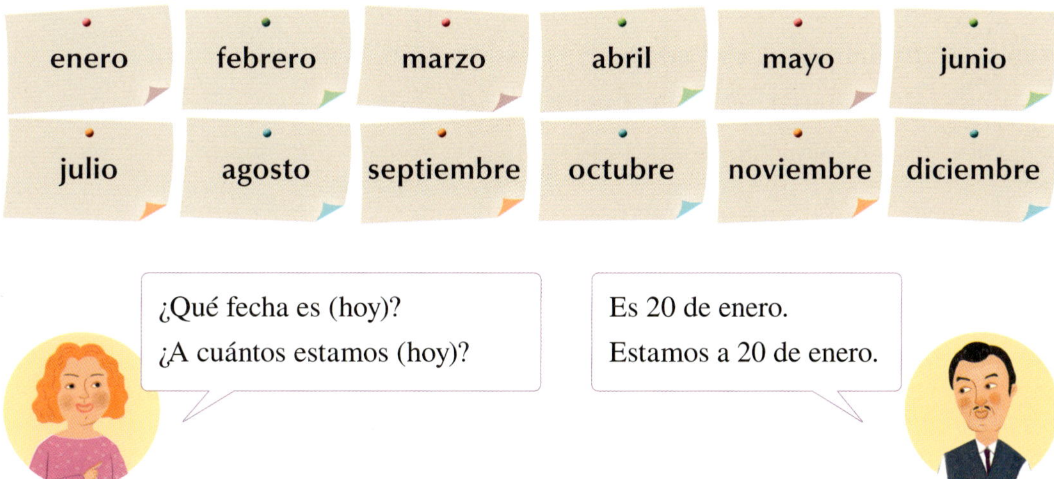

A ¿Cuándo es el cumpleaños de tu hermano?
B Es el 8 de mayo.

A ¿En qué mes estamos?
B Estamos en febrero.

2. 요일

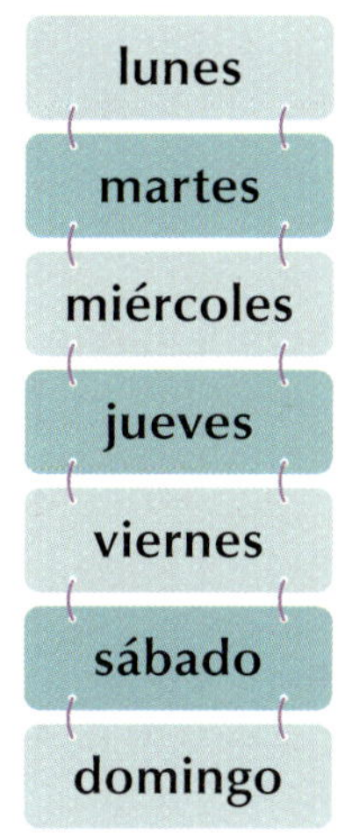

A ¿Qué día (de la semana) es hoy / mañana / el día 6?
B Es martes.

A ¿Qué día es el examen?
B Es el jueves, 17 de mayo.

Voy a la piscina cada viernes.
Estudio español los miércoles y los jueves.
El viaje es este martes.

Nota
este/el + 요일명: 이번 ~요일에/~요일에
cada/(todos) los + 요일명: ~요일마다
Vamos a Barcelona el viernes que viene.
Voy a bailar todos los sábados.

Unidad 2 ¿Qué hora es?

23

Minsu ¿Por qué están cerradas todas las tiendas?

Ana Normalmente, en España, las tiendas están abiertas de diez a dos, y por la tarde, de cinco a ocho y media.

Minsu ¿Qué hora es? Ya son las cinco, ¿no?

Ana No, son las cuatro y media.

Minsu Entonces, ¿tengo que esperar hasta las cinco para comprar un periódico?

Ana Sí. Antes de las cinco, no hay quioscos abiertos.

Minsu Buenos días. ¿A qué hora sale el próximo tren para Valencia?

Empleada A las nueve y cuarto. Quedan quince minutos.

Minsu Entonces, quiero un billete de ida y vuelta.

cerrado/a 닫힌 | tienda ⓕ 상점 | ya 이미, 벌써 | esperar 기다리다
hasta ~까지 | quiosco ⓜ 신문가판대 | empleado/a ⓜⓕ 직원 | ida ⓕ 편도(가는 것)
vuelta ⓕ 편도(돌아옴)

Gramática y expresiones 2

1. ¿Qué hora es?

ser la(s)	hora + y/menos + minutos		
Es la	una	y 또는 menos	cinco quince/cuarto veinte treinta/media
Son las	dos seis		

Es la una en punto.
Voy a ir a casa sobre las once.
Son las doce en punto./Es mediodía/medianoche.
Son las ocho de la mañana.

Nota
de la mañana/tarde/noche/madrugada

2. 특정 행위의 시간 표현

El bar abre a las siete de la mañana.
Vuelvo a casa a las siete de la tarde.

A ¿A qué hora termina la fiesta?
B A las doce, más o menos.

A ¿A qué hora me vas a llamar?
B Te llamo a las siete de la tarde.

Un poco de todo

1. ~부터 ~까지

de ~ a ~

Trabajamos de nueve a dieciocho.

desde ~ hasta ~

La tienda está cerrada desde las cinco hasta las siete de la tarde.

2. 지난 시간과 오는 시간

el mes/año pasado **la semana pasada**	**este mes/año** **esta semana**	**el próximo/mes/año** **la próxima semana**

No va a llover la semana que viene.
Hace calor desde el mes pasado.
¿Puedes venir a verme el próximo sábado?

3. 교통수단

en bicicleta | en moto | en tren | en metro | en avión

en barco | en coche | en autobús | a pie

Hoy voy en autobús.
Siempre voy a pie a casa.
¿Coges el metro todos los días?

Nota
coger (타다, 잡다)
co**j**o, coges, coge, cogemos, cogéis, cogen

Ejercicios

1. ¿Qué fecha es?

① 30 de junio + 2 días ② 7 de mayo + 3 días ③ 28 de diciembre + 4 días

2. 대답해보세요.

① ¿Qué día es hoy?

② ¿Cuál es tu día de la semana favorito?

③ ¿Cuándo es tu cumpleaños?

④ ¿A qué hora vuelves a casa?

3. 문장의 내용이 가리키는 바와 적절한 시간대를 연결하세요.

① Son las doce. •
② Voy a la cama. Hasta mañana. •
③ Te invito a cenar a un restaurante italiano. •
④ Hijo, ya es tarde. Tienes que ir a la escuela. •
⑤ ¿Desayunas todos los días? •

• a. por la mañana
• b. al mediodía
• c. por la tarde
• d. por la noche

4. 빈칸에 들어갈 말을 보기에서 골라 문장을 완성하세요.

보기

invierno tarde que viene hora ser

① Hoy ________________ miércoles.

② Mi familia va a esquiar en ________________.

③ Por las ________________ Sofía vuelve del trabajo a las siete.

④ ¿Tienes ________________?

⑤ El verano ________________ vamos a ir a Venezuela.

favorito/a 좋아하는 cumpleaños ⓜ 생일 cama ⓕ 침대
invitar 초대하다 cenar 저녁 먹다 desayunar 아침 먹다

5. 빠른 순서대로 배열하세요.

① mañana　② la semana pasada　③ ayer　④ pasado mañana

⑤ anteayer　⑥ el próximo mes　⑦ hoy　⑧ dentro de tres meses

6. 빈칸에 들어갈 말을 보기에서 골라 문장을 완성하세요.

보기

Navidad	jueves	lunes	tarde

① Hoy es domingo y mañana es ______________.

② ¡Son las once! Ya es ______________. Voy a dormir.

③ Hoy es 25 de diciembre, es ______________.

④ Hoy es miércoles y mañana es ______________.

7. ¿Qué hora es?

①

②

③

④

dormir 자다(d**ue**rmo, d**ue**rmes, d**ue**rme, dormimos, dormís, d**ue**rmen)
ayer 어제
pasado mañana 내일 모레
anteayer 그저께
Navidad ⓕ 성탄절

Apéndice

연습문제 정답 Claves

동사변화표 Tablas de conjugación

어휘 목록 Vocabulario

Claves

Lección 1

1 ① Yo ② Vosotros/as ③ Él/Ud. ④ Tú ⑤ Ellas/Uds. ⑥ Nosotras ⑦ Nosotros

2 ① son ② somos ③ eres ④ sois ⑤ son ⑥ sois ⑦ es ⑧ soy

3 ① soy Carmen./ no soy Carmen.
② son abogados./ no son abogados.
③ soy estudiante./ no soy estudiante.
④ son amables./ no son amables.
⑤ Me llamo (이름).

4 ① Se llama Gaudí. Es arquitecto.
② Se llama Cervantes. Es escritor.
③ Se llama Messi. Es futbolista.
④ Se llama Penélope Cruz. Es actriz.

Lección 2

1 ① guapa ② contento ③ bonito ④ limpia

2 ① Está cansada. ② Están enfermos. ③ Estamos bien. ④ Está limpia. ⑤ Están sucias.

3 ① Es alto. ② Son gordas. ③ Es interesante. ④ Son bonitos. ⑤ Es pequeña.

4 ① estoy ② estáis ③ sois ④ son ⑤ es ⑥ está ⑦ son ⑧ somos ⑨ es ⑩ es

5 ① Ella es profesora. ② Soy bajo/a y delgado/a. ③ Estás cansado/a.
④ Minsu es simpático y guapo. ⑤ La mesa está sucia.

Lección 3

1 ① El cocinero es francés. ② Las estudiantes son chinas.
③ Las profesoras son japonesas.

2 ① Es de Japón. ② Es de Italia.
③ Es de Estados Unidos. ④ Es de España.

3 ① la, una ② el, la, un, una ③ el, un ④ los, unos ⑤ la, una ⑥ el, un

4 ① Es un deporte. ② Es un animal. ③ Es un país.
④ Es una flor. ⑤ Es una fruta.

5 ① Los médicos son estadounidenses. ② El reloj coreano es bonito.
③ El ruso es difícil. ④ Los estudiantes ingleses son altos.
⑤ Los cocineros peruanos están enfermos.

Lección 4

1 ① Estos ② Aquel ③ eso ④ Esta ⑤ Esta ⑥ Aquellos

2 ① Aquella es vuestra profesora. ② Ese es su coche. ③ Estas son tus fotos.
④ Aquellos son nuestros padres. ⑤ Esos son mis hermanos.

3 ① Carlos y sus hermanas ② los estudiantes y su profesora
③ las chicas y su padre ④ la actriz y sus hijos ⑤ ustedes y su amiga

4 ① ¿De quién es esta guitarra? - Es de Marta.
② ¿De quién son los zapatos? - Son de mi hermana.
③ ¿De quién es el coche? - Es del profesor Ramírez.
④ ¿De quién son esas fotos? - Son del señor Carranza.
⑤ ¿De quién es aquella casa? - Es de mis abuelos.

5 ① Ese libro es del profesor López. ② El café de allí es famoso.
③ ¿De quién es esta bicicleta? ④ Aquellas estudiantes son sus amigas.
⑤ Ellos son de aquí.

Lección 5

1 ① F ② V ③ V ④ F ⑤ V ⑥ V

2 ① Hay ② están ③ hay ④ estamos ⑤ Hay ⑥ está ⑦ hay ⑧ está

3 ① ¿Cuántos alumnos hay en la clase de español?
② ¿Cuántas sillas hay en el bar?
③ ¿Cuánto vino hay en la botella?
④ ¿Cuántos libros hay en la biblioteca?
⑤ ¿Cuánta agua hay en el vaso?

4 ① Hay un gato. El gato está encima del sofá.
② Hay un cuadro. El cuadro está entre la ventana y la puerta.
③ Hay dos libros. Los libros están sobre la mesa.
④ Hay un móvil. El móvil está a la derecha de los libros.
⑤ Hay una televisión. La televisión está cerca de la puerta.

Lección 6

1 ① tomo ② compra ③ recibes ④ bebemos

2 ① También aprendo chino. ② Tampoco hablamos alemán.
③ Tampoco come carne. ④ También pueden andar en bicicleta.

3 ① Por qué ② Cómo ③ Cuáles ④ Qué ⑤ Cuántos ⑥ Quién

4 ① saben ② sabe ③ sabes, sé ④ Sabéis ⑤ sabe

5 ① trabaja ② escribo ③ escuchan ④ aprendemos ⑤ abres

6 ① podemos ② puede ③ puedo ④ Puedes ⑤ pueden

Lección 7

1 ① viene ② hacen ③ van ④ tiene

2 ① frío ② miedo ③ razón ④ sueño

3 ① Mañana vamos a visitar el museo.
② Después de comer vamos a ir a la librería.
③ Ahora voy a comprar frutas.
④ Este fin de semana van a ir a Sevilla.

4 ① primer ② tercer ③ cuarta ④ segunda

5 tengo, tienen, tiene, tenemos, tiene, tengo, tiene, tengo

Lección 8

1 ① nos ② le ③ me ④ Les

2 ① Mi padre lo lee. ② Hoy lo visitamos. ③ Ellos la preparan. ④ María las canta.

3 ① La abuela nos lo da. ② Ellos os las regalan.
③ Nosotros te los compramos. ④ Juan no me la dice.

4 ① ¡Qué alto es mi hermano! ② ¡Qué cansada está la enfermera!
③ ¡Qué calor tiene el chico! ④ ¡Qué rápido corren las niñas!

5 ① ellas ② mí ③ ti ④ (con)tigo

6 ①-d ②-a ③-c ④-b

Lección 9

1 ① queremos ② traigo ③ pone ④ prefieren

2 ① Ana se lo da. ② Juan no se lo deja.
③ Los turistas se las hacen. ④ Se las explico.

3 ①-c ②-a ③-b ④-e ⑤-d

4 ① mí ② ti ③ vosotros/as ④ ellos ⑤ ella ⑥ ellos

5 ① servilleta ② tenedor ③ plato ④ copa ⑤ cuchara ⑥ cuchillo

6 quiere, prefiere, quieren, quieren, prefiere, quiere, quiere, quiere

Lección 10

1 ① Hace viento. ② Hace sol. ③ Llueve. ④ Hace mal tiempo. ⑤ Nieva. ⑥ Está nublado.

2 ①-c ②-e ③-d ④-a ⑤-b

3 ① No, hace calor. ② No, hace mal tiempo. ③ No, hace sol. / No, llueve poco.

4 ① llover ② temperaturas ③ sol ④ Nieva

5 ①-ㄱ-c ②-ㄴ-e ③-ㄱ-a ④-ㄱ-d ⑤-ㄴ-b

6 ① sale ② vuelve ③ ves ④ salen

Lección 11

1 ① Es dos de julio. ② Es diez de mayo. ③ Es uno/primero de enero.

2 ① Hoy es (once de mayo). ② Es (viernes).
③ Es el (diecinueve de agosto). ④ Vuelvo a casa a (las tres).

3 ①-b/d ②-d ③-c ④-a ⑤-a

4 ① es ② invierno ③ tardes ④ hora ⑤ que viene

5 ②-⑤-③-⑦-①-④-⑥-⑧

6 ① lunes ② tarde ③ Navidad ④ jueves

7 ① Es la una y veinte. ② Son las dos y cuarenta y cinco. / Son las tres menos cuarto. ③ Son las cinco y treinta. / Son las cinco y media. ④ Son las doce y cincuenta. / Es la una menos diez.

Tablas de conjugación

규칙동사

	현재	불완료과거	단순과거	미래	명령형
amar amando amado	amo amas ama amamos amáis aman	amaba amabas amaba amábamos amabais amaban	amé amaste amó amamos amasteis amaron	amaré amarás amará amaremos amaréis amarán	ama ame amemos amad amen
comer comiendo comido	como comes come comemos coméis comen	comía comías comía comíamos comíais comían	comí comiste comió comimos comisteis comieron	comeré comerás comerá comeremos comeréis comerán	come coma comamos comed coman
vivir viviendo vivido	vivo vives vive vivimos vivís viven	vivía vivías vivía vivíamos vivíais vivían	viví viviste vivió vivimos vivisteis vivieron	viviré vivirás vivirá viviremos viviréis vivirán	vive viva vivamos vivid vivan

불규칙동사

	현재	불완료과거	단순과거	미래	명령형
coger cogiendo cogido	cojo coges coge cogemos cogéis cogen	cogía cogías cogía cogíamos cogíais cogían	cogí cogiste cogió cogimos cogisteis cogieron	cogeré cogerás cogerá cogeremos cogeréis cogerán	coge coja cojamos coged cojan
conducir conduciendo conducido	conduzco conduces conduce conducimos conducís conducen	conducía conducías conducía conducíamos conducíais conducían	conduje condujiste condujo condujimos condujisteis condujeron	conduciré conducirás conducirá conduciremos conduciréis conducirán	vive viva vivamos vivid vivan

conocer conociendo conocido	conozco conoces conoce conocemos conocéis conocen	conocía conocías conocía conocíamos conocíais conocían	conocí conociste conoció conocimos conocisteis conocieron	conoceré conocerás conocerá conoceremos conoceréis conocerán	conoce conozca conozcamos conoced conozcan
contar contando contado	cuento cuentas cuenta contamos contáis cuentan	contaba contabas contaba contábamos contabais contaban	conté contaste contó contamos contasteis contaron	contaré contarás contará contaremos contaréis contarán	cuenta cuente contemo contad cuenten
decir diciendo dicho	digo dices dice decimos decís dicen	decía decías decía decíamos decíais decían	dije dijiste dijo dijimos dijisteis dijeron	diré dirás dirá diremos diréis dirán	di diga digamos decid digan
dormir durmiendo dormido	duermo duermes duerme dormimos dormís duermen	dormía dormías dormía dormíamos dormíais dormían	dormí dormiste durmió dormimos dormisteis durmieron	dormiré dormirás dormirá dormiremos dormiréis dormirán	duerme duerma durmamos dormid duerman
entender entendiendo entendido	entiendo entiendes entiende entendemos entendéis entienden	entendía entendías entendía entendíamos entendíais entendían	entendí entendiste entendió entendimos entendisteis entendieron	entenderé entenderás entenderá entenderemos entenderéis entenderán	entiende entienda entendamos entended entiendan
esquiar esquiando esquiado	esquío esquías esquía esquiamos esquiáis esquían	esquiaba esquiabas esquiaba esquiábamos esquiabais esquiaban	esquié esquiaste esquió esquiamos esquiasteis esquiaron	esquiaré esquiarás esquiará esquiaremos esquiaréis esquiarán	esquía esquíe esquiemos esquiad esquíen

jugar jugando jugado	juego juegas juega jugamos jugáis juegan	jugaba jugabas jugaba jugábamos jugabais jugaban	jugué jugaste jugó jugamos jugasteis jugaron	jugaré jugarás jugará jugaremos jugaréis jugarán	juega juegue juguemos jugad jueguen
oír oyendo oído	oigo oyes oye oímos oís oyen	oía oías oía oíamos oíais oían	oí oíste oyó oímos oísteis oyeron	oiré oirás oirá oiremos oiréis oirán	oye oiga oigamos oíd oigan
pedir pidiendo pedido	pido pides pide pedimos pedís piden	pedía pedías pedía pedíamos pedíais pedían	pedí pediste pidió pedimos pedisteis pidieron	pediré pedirás pedirá pediremos pediréis pedirán	pide pida pidamos pedid pidan
pensar pensando pensado	pienso piensas piensa pensamos pensáis piensan	pensaba pensabas pensaba pensábamos pensabais pensaban	pensé pensaste pensó pensamos pensasteis pensaron	pensaré pensarás pensará pensaremos pensaréis pensarán	piensa piense pensemos pensad piensen
poner poniendo puesto	pongo pones pone ponemos ponéis ponen	ponía ponías ponía poníamos poníais ponían	puse pusiste puso pusimos pusisteis pusieron	pondré pondrás pondrá pondremos pondréis pondrán	pon ponga pongamos poned pongan
saber sabiendo sabido	sé sabes sabe sabemos sabéis saben	sabía sabías sabía sabíamos sabíais sabían	supe supiste supo supimos supisteis supieron	sabré sabrás sabrá sabremos sabréis sabrán	sabe sepa sepamos sabed sepan

salir saliendo salido	salgo sales sale salimos salís salen	salía salías salía salíamos salíais salían	salí saliste salió salimos salisteis salieron	saldré saldrás saldrá saldremos saldréis saldrán	sal salga salgamos salid salgan
sentir sintiendo sentido	siento sientes siente sentimos sentís sienten	sentía sentías sentía sentíamos sentíais sentían	sentí sentiste sintió sentimos sentisteis sintieron	sentiré sentirás sentirá sentiremos sentiréis sentirán	siente sienta sintamos sentid sientan
traer trayendo traído	traigo traes trae traemos traéis traen	traía traías traía traíamos traíais traían	traje trajiste trajo trajimos trajisteis trajeron	traeré traerás traerá traeremos traeréis traerán	trae traiga traigamos traed traigan
venir viniendo venido	vengo vienes viene venimos venís vienen	venía venías venía veníamos veníais venían	vine viniste vino vinimos vinisteis vinieron	vendré vendrás vendrá vendremos vendréis vendrán	ven venga vengamos venid vengan
volver volviendo vuelto	vuelvo vuelves vuelve volvemos volvéis vuelven	volvía volvías volvía volvíamos volvíais volvían	volví volviste volvió volvimos volvisteis volvieron	volveré volverás volverá volveremos volveréis volverán	vuelve vuelva volvamos volved vuelvan

Vocabulario

abajo 아래에
abierto/a 열린
abogado/a ⓜⓕ 변호사
abrigo ⓜ 코트
abril ⓜ 4월
abrir 열다
abuelo/a ⓜⓕ 할아버지, 할머니
aburrido/a 심심한, 지겨운
aceite ⓜ 기름
aceituna ⓕ 올리브 열매
actor/actriz ⓜⓕ 배우
actual 현재의
acuerdo ⓜ 동의
adelante 앞으로
adiós 안녕히 가세요
agosto ⓜ 8월
agua ⓕ 물
ahí 거기
ahora 지금
alegre 명랑한, 즐거운
algo 어떤 것
alguno/a 어떤, 어떤 것/사람
allí 저기
alto/a 키 큰
alumno/a ⓜⓕ 학생
amable 친절한
amar 사랑하다
amigo/a ⓜⓕ 친구
amor ⓜ 사랑
anciano/a ⓜⓕ 노인
andar 걷다, 다니다

animal ⓜ 동물
ánimo ⓜ 의지, 활기
antes 전에
antipático/a 불친절한
año ⓜ 해, 년
apellido ⓜ 성(姓)
aprender 배우다
aprovechar 이용하다
aquel/aquella 저, 저것, 저 사람
aquí 여기
árbol ⓜ 나무
arquitecto/a ⓜⓕ 건축가
arriba 위에
arroz ⓜ 쌀
asado/a 구운
autobús ⓜ 버스
ave ⓕ 새
avión ⓜ 비행기
azúcar ⓜⓕ 설탕
bailar 춤추다
bajo/a 키 작은
banco ⓜ 은행, 벤치
baño ⓜ 욕실
bar ⓜ 바
barco ⓜ 배
bastante 꽤
beber 마시다
bebida ⓕ 음료
biblioteca ⓕ 도서관
bicicleta ⓕ 자전거
bien 잘

bienvenido/a 환영하는
billete ⓜ 티켓, 지폐
blusa ⓕ 블라우스
boca ⓕ 입
boda ⓕ 결혼식
bolígrafo ⓜ 볼펜
bonito/a 예쁜
botella ⓕ 병
brazo ⓜ 팔
bueno/a 좋은
buscar 찾다
cabeza ⓕ 머리
caer 떨어지다
cafetería ⓕ 카페
caja ⓕ 상자
calle ⓕ 거리
calor ⓜ 더위, 온기
cama ⓕ 침대
camarero/a ⓜⓕ 웨이터
cambio ⓜ 변화
canción ⓕ 노래
cansado/a 피곤한
cantante ⓜⓕ 가수
cantar 노래하다
capital ⓜ 자본 ⓕ 수도
capítulo ⓜ 장, 챕터
carne ⓕ 고기
caro/a 비싼
carta ⓕ 편지
casa ⓕ 집
casi 거의

castaño/a 밤색의
celular ⓜ 휴대 전화
cena ⓕ 저녁 식사
cenar 저녁 먹다
centro ⓜ 중앙, 중심지
cerca 가까이
cerrado/a 닫힌
cerveza ⓕ 맥주
chico/a ⓜⓕ 소년, 소녀
chocolate ⓜ 초콜릿
cine ⓜ 영화관
ciudad ⓕ 도시
civilización ⓕ 문명
claro/a 분명히, 확실히
clase ⓕ 교실, 수업
coche ⓜ 자동차
cocinar 요리하다
cocinero/a ⓜⓕ 요리사
coger 잡다, 쥐다, 따다
comer 먹다, 점심 먹다
comida ⓕ 음식, 점심 식사
como ~때문에, ~처럼
cómo 어떻게
cómodo/a 편안한
compañero/a ⓜⓕ 동료, 학우
comprender 이해하다
computadora ⓕ 컴퓨터
con ~과/와 함께
conducir 운전하다
conocer 알다
contento/a 만족스러운

copa ⓕ 잔
corazón ⓜ 심장, 마음
coreano/a ⓜ 한국어 ⓜⓕ 한국인
correr 달리다
cosa ⓕ 물건
creer 생각하다, 믿다
cuaderno ⓜ 공책
cuadro ⓜ 그림
cuál 어떤 것, 무엇
cuándo 언제
cuánto/a 얼마나
cuarto ⓜ 방
cuarto/a 네 번째, 1/4
cuchara ⓕ 숟가락
cuchillo ⓜ 칼
cuello ⓜ 목
cuenta ⓕ 계산서
cuerpo ⓜ 몸
cultura ⓕ 문화
cultural 문화의
cumpleaños ⓜ 생일
dar 주다
de ~의
debajo 아래에
decidir 결정하다
décimo/a 열 번째
decir 말하다
dejar 빌려주다
delante 앞에
delgado/a 마른
dentista ⓜⓕ 치과의사

dentro 안에
deporte ⓜ 스포츠
derecho/a 오른쪽의
desayunar 아침 식사하다
descansar 쉬다
desde ~부터
desear 원하다
despacio 천천히
después 다음에
detrás 뒤에
día ⓜ 날
diciembre ⓜ 12월
difícil 어려운
dinero ⓜ 돈
dirección ⓕ 주소, 방향
dolor ⓜ 고통
domingo ⓜ 일요일
dónde 어디
dormir 자다
edificio ⓜ 건물
ejercicio ⓜ 연습, 운동
elegante 우아한
empezar 시작하다
empleado/a ⓜⓕ 직원
en ~에, ~에서
encantado/a 반가운
encima 위에
enero ⓜ 1월
enfermero/a ⓜⓕ 간호사
enfermo/a 아픈
enfrente 정면에

ensalada ⓕ 샐러드
enseguida 즉시
entender 이해하다
entonces 그러면, 그래서
entrar 들어가다
entre 사이에
escribir 쓰다
escritor(a) ⓜⓕ 작가
escritorio ⓜ 책상
escuchar 듣다, 경청하다
escuela ⓕ 학교
ese/a 그, 그것, 그 사람
espalda ⓕ 등
español(a) ⓜ 스페인어
ⓜⓕ 스페인 사람
especial 특별한
esperar 기다리다
esposo/a ⓜⓕ 남편, 부인
esquiar 스키 타다
estación ⓕ 역, 계절
estar 있다, ~한 상태이다
este ⓜ 동쪽
este/a 이, 이것, 이 사람
estómago ⓜ 위, 배
estudiante ⓜⓕ 학생
euro ⓜ 유로화
europeo/a 유럽의
exactamente 정확하게
examen ⓜ 시험
explicar 설명하다
extranjero/a ⓜⓕ 외국인

fácil 쉬운
familia ⓕ 가족
famoso/a 유명한
favorito/a 좋아하는
febrero ⓜ 2월
fecha ⓕ 날짜
feliz 행복한
femenino/a 여성의
feo/a 못생긴
fiesta ⓕ 파티
fin ⓜ 마지막, 결말
flor ⓕ 꽃
foto ⓕ 사진(fotografía)
frío ⓜ 추위, 냉기
frontera ⓕ 국경
fruta ⓕ 과일
fuera 바깥에
futbolista ⓜⓕ 축구 선수
gafas ⓕ 안경
gato/a ⓜⓕ 고양이
generalmente 일반적으로
gente ⓕ 사람들
gimnasio ⓜ 체육관
gordo/a 뚱뚱한
gracia ⓕ 은혜, 우아, 재미
grande 큰
guapo/a 잘생긴, 예쁜
guardia ⓜⓕ 경비원
guitarra ⓕ 기타
gusto ⓜ 취향, 호감
habitación ⓕ 방

hablar 말하다
hacer 하다, 만들다
hacha ⓕ 도끼
hambre ⓕ 배고픔
hasta ~까지
helado ⓜ 아이스크림
hermano/a ⓜⓕ 형제, 자매
hermoso/a 아름다운
hijo/a ⓜⓕ 아들, 딸
histórico/a 역사적인
hoja ⓕ 잎사귀
hora ⓕ 시간, 시(時)
hospital ⓜ 병원
huevo ⓜ 달걀
ida ⓕ 편도(가는 것)
idioma ⓜ 언어
igualmente 똑같이
importante 중요한
inglés(a) ⓜ 영어 ⓜⓕ 영국인
inteligente 똑똑한
interesante 흥미로운
invierno ⓜ 겨울
invitación ⓕ 초대장
invitar 초대하다
ir 가다
izquierdo/a 왼쪽의
jamón ⓜ 하몽
jardín ⓜ 정원
joven 젊은
jueves ⓜ 목요일
jugar 놀다

juguete ⓜ 장난감
julio ⓜ 7월
junio ⓜ 6월
junto/a 함께
lado ⓜ 옆, 측면
lápiz ⓜ 연필
lástima ⓕ 안타까움
le 당신/그/그녀/그것에게
lección ⓕ 과
leche ⓕ 우유
lejos 멀리
libre 비어 있는, 자유로운
librería ⓕ 서점
libro ⓜ 책
limpio/a 깨끗한
lindo/a 예쁜
listo/a 영리한
llamar 부르다 / ~se 이름이 ~이다
llave ⓕ 열쇠
lleno/a 배부른, 꽉 찬
llevar ~한 지 ~시간이 되다, 데리고 가다, 입다
llover 비 오다
lo/la 당신/그/그녀/그것을
luego 다음에, 이후에
luna ⓕ 달
lunes ⓜ 월요일
madre ⓕ 어머니
madrileño/a ⓜⓕ 마드리드 사람
madrugada ⓕ 새벽
mal 나쁘게
malo/a 나쁜
mamá ⓕ 엄마
mañana ⓕ 아침, 내일
mandar 보내다, 명령하다
mano ⓕ 손
manzana ⓕ 사과
mar ⓜⓕ 바다
marido ⓜ 남편
martes ⓜ 화요일
marzo ⓜ 3월
más 더
mayo ⓜ 5월
mayor 연상의
me 나에게, 나를
medianoche ⓕ 자정
médico/a ⓜⓕ 의사
mediodía ⓜ 정오
mejor 더 나은
melón ⓜ 멜론
menor 연하의
mes ⓜ 달, 월
mesa ⓕ 탁자
metro ⓜ 지하철
mí 나(전치격 인칭대명사)
mi 나의
miedo ⓜ 두려움
miel ⓜ 꿀
miércoles ⓜ 수요일
mirar 보다
moderno/a 현대적인
momento ⓜ 순간
moneda ⓕ 동전, 화폐
montaña ⓕ 산
moto ⓕ 오토바이(=motocicleta)
móvil ⓜ 휴대 전화
mucho/a 많은, 많이
mujer ⓕ 여자, 부인
mundo ⓜ 세계
museo ⓜ 미술관, 박물관
música ⓕ 음악
muy 매우
nada 아무것도 (~않다/아니다)
naranja ⓕ 오렌지
nariz ⓕ 코
negro/a 검은색의
nervioso/a 긴장한
nevar 눈 오다
nevera ⓕ 냉장고
niebla ⓕ 안개
nieto/a ⓜⓕ 손자, 손녀
niño/a ⓜⓕ 어린아이
noche ⓕ 밤
nombre ⓜ 이름
normalmente 일반적으로
norte ⓜ 북쪽
nos 우리에게, 우리를
novela ⓕ 소설
noveno/a 아홉 번째
noviembre ⓜ 11월
novio/a ⓜⓕ 연인
nube ⓕ 구름
nublado/a 구름 낀, 흐린

nuestro/a 우리의
nuevo/a 새로운
octavo/a 여덟 번째
octubre ⓜ 10월
oeste ⓜ 서쪽
ojo ⓜ 눈
opinión ⓕ 의견
ordenador ⓜ 컴퓨터
oreja ⓕ 귀
os 너희들에게, 너희들을
otoño ⓜ 가을
otro/a 다른
padre ⓜ 아버지
país ⓜ 국가
pan ⓜ 빵
panadería ⓕ 빵집
papá ⓜ 아빠
para ~을/를 위해
paraguas ⓜ 우산
parque ⓜ 공원
pasado/a 지난
pasar 지내다, 지나가다
pasear 산책하다
patata ⓕ 감자
pecho ⓜ 가슴
pedir 주문하다, 부탁하다
película ⓕ 영화
pelo ⓜ 머리카락
peluquero/a ⓜⓕ 미용사
pensar 생각하다
pequeño/a 작은, 어린

perdón ⓜ 실례합니다, 용서
periódico ⓜ 신문
periodista ⓜⓕ 기자, 방송인
pero 그러나
perro/a ⓜⓕ 개
persona ⓕ 사람
pescado ⓜ 생선
pie ⓜ 발
pierna ⓕ 다리
pimienta ⓕ 후추
pintor(a) ⓜⓕ 화가
piscina ⓕ 수영장
piso ⓜ 층, 아파트
planta ⓕ 층, 식물
plato ⓜ 요리, 접시
pluma ⓕ 볼펜
pobre 가난한, 불쌍한
poco/a 약간
poder 할 수 있다
policía ⓜⓕ 경찰관
pollo ⓜ 닭고기
poner 놓다, 두다
por ~때문에, ~ 근처에
por qué 왜
porque 왜냐하면
postre ⓜ 후식
precioso/a 예쁜
preferir 선호하다
pregunta ⓕ 질문
preparar 준비하다
primavera ⓕ 봄

primero/a 첫 번째
primo/a ⓜⓕ 사촌
prisa ⓕ 다급함
profesor(a) ⓜⓕ 선생님
programa ⓜ 프로그램
pronto 곧, 금방
provecho ⓜ 이익, 이용
próximo/a 다음의
pueblo ⓜ 시골, 마을
puerta ⓕ 문
punto ⓜ 점, 마침표
qué 무엇
quedar 남다
querer 원하다, 사랑하다
queso ⓜ 치즈
quién 누가, 누구
quinto/a 다섯 번째
quiosco ⓜ 신문가판대
radio ⓕ 라디오
rápido 빨리
razón ⓕ 이성, 이유
recibir 받다
regalar 선물하다
regalo ⓜ 선물
regresar 돌아가다
reloj ⓜ 시계
residencia ⓕ 기숙사, 숙소
rico/a 부유한, 맛있는
rubio/a 금발의
saber 알다
sal ⓕ 소금

sala ⓕ 홀, 연회장
salir 나가다, 출발하다
salud ⓕ 건강
sano/a 건강한
sed ⓕ 갈증
señor(a) ⓜⓕ 아저씨, 아주머니
señorita ⓕ 아가씨
sardina ⓕ 정어리
siempre 항상
silla ⓕ 의자
simpático/a 상냥한
sobre ~에 대하여
sobrino/a ⓜⓕ 조카
sociedad ⓕ 사회
sol ⓜ 태양
solo 혼자의, 오직
sopa ⓕ 수프
subir 오르다
sucio/a 더러운
sueño ⓜ 잠, 꿈
suerte ⓕ 운
sur ⓜ 남쪽
también 역시, 또한
tampoco 또한 ~하지 않다/없다
tarde ⓕ 오후
tarta ⓕ 케이크
taza ⓕ 잔
té ⓜ 차
tema ⓜ 주제
tenedor ⓜ 포크
terminar 끝내다
tiempo ⓜ 날씨, 시간
tienda ⓕ 상점
tío/a ⓜⓕ 삼촌, 이모, 고모
título ⓜ 제목
tocar 만지다, 연주하다
todavía 아직 ~않다/이다
todo/a 모든
tomar 먹다, 마시다
tormenta ⓕ 폭풍우
tostada ⓕ 토스트
trabajo ⓜ 직장, 업무
traer 가지고 오다
tráfico ⓜ 교통
tranquilo/a 침착한
tren ⓜ 기차
triste 슬픈
tu 너의
turista ⓜⓕ 관광객
últimamente 최근에
universidad ⓕ 대학교
usar 사용하다
vacación ⓕ 휴가, 방학
vario/a 여럿의
vaso ⓜ 컵
vecino/a ⓜⓕ 이웃 사람
vegetariano/a ⓜⓕ 채식주의자
vender 팔다
venir 오다
ventana ⓕ 창문
ver 보다
verano ⓜ 여름
verdad ⓕ 사실
verde 초록색의
vestido ⓜ 드레스, 원피스
vez ⓕ 차례, 횟수
viajar 여행하다
viaje ⓜ 여행
vida ⓕ 삶, 생명
viento ⓜ 바람
viernes ⓜ 금요일
vinagre ⓜ 식초
vino ⓜ 포도주
visado ⓜ 비자
visitar 방문하다
vivir 살다
volver 돌아가다
voz ⓕ 목소리
vuelta ⓕ 편도(돌아옴)
vuestro/a 너희의
y 그리고
ya 이미, 벌써
zapato ⓜ 신발
zumo ⓜ 주스

스페인어권 국가와 수도

Argentina
Buenos Aires

Bolivia
Sucre

Chile
Santiago

Ecuador
Quito

El Salvador
San Salvador

España
Madrid

México
Ciudad de México

Nicaragua
Managua

Panamá
Ciudad de Panamá

Uruguay
Montevideo

Venezuela
Caracas

Colombia
Bogotá

Costa Rica
San José

Cuba
La Habana

Guatemala
Ciudad de Guatemala

Honduras
Tegucigalpa

La Repúplica Dominicana
Santo Domingo

Paraguay
Asunción

Perú
Lima

Puerto Rico
San Juan

저자 소개

김유리

멕시코 국립자치대학교 문학박사
이화여자대학교 인문과학대학 초빙교수

김재선

스페인 마드리드 콤플루텐세대학교 문학박사
이화여자대학교 인문과학대학 초빙교수

이은해

스페인 마드리드 자치대학교 역사학박사
이화여자대학교 인문과학대학 초빙교수

조혜진

스페인 마드리드 콤플루텐세대학교 어학박사
이화여자대학교 인문과학대학 초빙교수